Stephan Leimgruber · Interreligiöses Lernen

STEPHAN LEIMGRUBER

Interreligiöses Lernen

Kösel

ISBN 3-466-36417-5
Druck und Bindung: Kösel, Kempten
Umschlag: Kaselow-Design, München, unter
Verwendung eines Fotos von P. Arsenault

1 2 3 4 5 6 · 00 99 98 97 96 95

*Gedruckt auf umweltfreundlich hergestelltem Werkdruckpapier
(säurefrei und chlorfrei gebleicht)*

Inhalt

Vorwort

Die vorliegende Schrift versteht sich als religionspädagogische Antwort auf die dringliche Herausforderung durch die neue gesellschaftliche Situation der Multikulturalität und des gefährdeten Zusammenlebens verschiedener Religionen auf engem Raum. Sie möchte einen Beitrag zu einer »Didaktik der Religionen« leisten und Anstöße zu interreligiösem Lernen in Schule und Religionsunterricht, in Erwachsenenbildung und Gemeindearbeit vermitteln. – Zwar kann hier Vollständigkeit weder intendiert noch beansprucht werden, wohl aber die Eröffnung neuer, teilweise ungewohnter Perspektiven, die dann zu fruchtbaren Begegnungen hinführen: zwischen Juden und Christen, zwischen Christen und Muslimen und schließlich zwischen Christen und Angehörigen fernöstlicher Religionen. Dabei stellen sich die Fragen: Wie können so unterschiedliche Personen, Kulturen und Religionen gedeihlich (d.h. dialogfähig und in gegenseitigem Respekt) koexistieren? Was haben sie einander zu sagen, und was können sie voneinander lernen? Wie sollen die anstehenden Probleme der Einen Welt an der Schwelle zum dritten Jahrtausend gemeinsam angegangen werden?

Vor bald zehn Jahren hat *Johannes Lähnemann* eine ähnliche Fragestellung aus evangelischer Sicht aufgegriffen und in zwei Standardwerken[1] bearbeitet. Unter Berücksichtigung der veränderten gesellschaftlichen Situation und der neueren religionspädagogischen Diskussion soll hier eine »interreligiöse Didaktik« aus katholischer Warte angedacht werden. Die theologischen Grundlagen dafür bilden die korrigierte Einstellung des Zweiten Vatikanischen Konzils zu den Weltreligionen und die anschließende Diskussion über Beziehungsmodelle für den Dialog der Religionen. Die didaktischen Grundlagen ergeben sich aus dem Beschluß der Würzburger Synode zum »Religionsunterricht in der Schule« (1974), der danach fortgeschriebenen religionspädagogischen Reflexion sowie aus der aktuellen religionspädagogischen Forschung.

Die nachfolgenden Ausführungen stellen eine Weiterführung und Reflexion meiner persönlichen Erfahrungen und der langjährigen Unterrichtspraxis auf verschiedenen Schulstufen dar. Auch Impulse aus früheren Arbeiten[2] zu den Lernfeldern von Christen und Juden bzw. Christen und Muslimen sind eingeflossen. Zahlreiche Anregungen und bereichernde Begegnungen verdanke ich dem Vorstand der jüdisch-christlichen Arbeitsgemeinschaft und der muslimischen Gemeinde in Solothurn, meinen Studienfreunden Joséfine und Daniel Nam, Key-Young aus Korea, ferner Frau Maria Hörnemann vom Diözesan-Caritasverband, Abteilung Tageseinrichtung für Kinder, sowie meinen Kollegen Josef Meyer zu Schlochtern, Richard Schlüter, Matthias Bahr und Michael Langer. Schließlich konnten Erkenntnisse aus gemeinsamen Seminaren mit Erich Garhammer, Norbert Mette und Johannes Niggemeier eingearbeitet werden. Die Schreibarbeiten übernahm freundlicherweise Barbara Wittke, die Erstellung des Registers Christian Heim. Möge die Arbeit das gegenseitige Verständnis der Religionen fördern und den gelebten Dialog intensivieren!

Paderborn, den 15. Juli 1994   *Stephan Leimgruber*

0. Interreligiöses Lernen als *Gegenstand* der Religionspädagogik – Zum *gegenwärtigen* Diskussionsstand

Im katholischen Kontext hat das Zweite Vatikanische Konzil die Weltreligionen erstmals positiv gewürdigt. Die seither erfolgten gesellschaftlichen Veränderungen mit den weltweiten Migrationsbewegungen haben ein interkulturelles und interreligiöses Lernen unausweichlich gemacht. So ist der Religionspädagogik in den vergangenen dreißig Jahren ein neues Lernfeld zugewachsen; genau besehen werden bereits früher vermittelte Inhalte in neuem Licht betrachtet und didaktisch anders angegangen. Neuartige, viel unmittelbarere Zugänge zu den Weltreligionen haben sich erschlossen.

Bis in die 60er Jahre hinein wurden den Schülerinnen und Schülern die »Fremdreligionen« eher aus Distanz und auf der Ebene von Informationen zur Kenntnis gebracht. Religionswissenschaftliche Vergleiche zwischen den einzelnen »Systemen« wurden angestellt. *Alfred Läpple* beispielsweise sah in den Natur- und Weltreligionen »Vorstufen« zu der einen wahren Religion des Christentums.[3] Eine Generation später stellten *Peter Freimark/Hans Grothaus/Einhart Lederer/Dietrich Thyen* fünf Weltreligionen nebeneinander und erarbeiteten in einzelnen Bereichen Vergleiche mit Parallelen und Unterschieden.[4]

Interreligiöses Lernen ist Lernen aus Betroffenheit, ein Lernen in der Begegnung, ein Lernen durch den gelebten Dialog. Das hat zunächst die *Ausländerpädagogik* der 70er Jahre gezeigt. *Karl-Heinz Dickopp* etwa setzte im »Krefelder Modell«

die Klassen im Kindergarten und in der Schule so zusammen, daß zwei Drittel einheimische und ein Drittel ausländische Schülerinnen und Schüler miteinander eine Lerngruppe bildeten. Wenn sich auch das damalige Integrationskonzept (»Assimilations-Pädagogik«) mit dem Fernziel einer späteren Wiedereingliederung in das Herkunftsland heute nicht mehr vertreten läßt, so haben doch viele Kinder und Jugendliche wertvolle interkulturelle Erfahrungen gesammelt und dadurch Voraussetzungen für ein gelingendes Leben in einem fremden Land erworben.[5] Erste Schritte einer Didaktik der Religionen realisierten verschiedende Forschungsprojekte (in Duisburg, Freiburg i.Br. und Würzburg) mit dem Ziel, Lernprozesse zwischen Juden und Christen in Gang zu bringen. *Peter Fiedler*[6] und *Ursula Reck*[7] arbeiteten die jüngste Geschichte der Behandlung des Judentums im katholischen Religionsunterricht auf, *Michael Langer* das 19. Jahrhundert,[8] und ich selbst habe dazu maßgebliche Katechismen aus dem 16. und 19. Jahrhundert untersucht.[9] Aus der Freiburger Arbeitsgruppe sind dann Leitlinien[10] und Curricula entstanden, neuestens auch von *Helga Kohler- Spiegel*.[11] Gewiß, die »Wende« in der Beurteilung der Juden zeichnet sich in christlichen Religionslehrbüchern »nach Auschwitz« und besonders nach der offiziellen Korrektur durch das Vaticanum II. immer deutlicher ab. Zahlreiche Begegnungen auf allen Ebenen zwischen Christen und ihren »älteren Geschwistern« aus dem Judentum haben stattgefunden,[12] aber die jüngsten Pogrome und antijüdischen Anschläge belegen doch die Notwendigkeit eines vertieften interreligiösen Lernens von Christen und Juden sowie die Dringlichkeit einer angemessenen Didaktik der Religion des Judentums für alle Schülerinnen und Schüler.[13] Umfassende religionspädagogische Studien zum *»Lernprozeß Christen – Muslime«* datieren erst aus den 80er Jahren. Unentbehrliche Vorarbeiten dazu leisteten die Koranübersetzer *Rudi Paret* und *Adel Theodor Khoury*, der Missionswissenschaftler

Ludwig Hagemann[14] und wiederum *Adel Theodor Khoury* mit der Veröffentlichung wichtiger Quellentexte im »Corpus islamo-christianum« sowie die Systematiker *Hans Zirker,*[15] *Hans Waldenfels* und *Josef Imbach.*[16] In religionspädagogischer Absicht entwarf *Udo Tworuschka* eine Kurzgeschichte über die Behandlung der Weltreligionen im christlichen Religionsunterricht,[17] während *Fritz Köster* die je eigene religiöse Erziehung in diesen Religionen darstellte.[18] Das interreligiöse Lernen zwischen Christen und Muslimen ist – abgesehen von verschiedenen kleineren Arbeiten und Aufsätzen[19] – bis heute – maßgeblich vom evangelischen Theologen *Johannes Lähnemann* didaktisch reflektiert und aufgearbeitet, und zwar sowohl für verschiedene Schulstufen als auch für die gemeindliche und universitäre Arbeit und hat eine erstaunlich realitätsnahe Konkretion erfahren.[20] Auch für das interreligiöse Lernen von Christen und Hindus sowie Christen und Buddhisten liegt eine ähnliche Studie[21] von *Lähnemann* vor. Gleichsam als islamisches Gegenstück darf auf die von verschiedenen Wissenschaftlern erarbeitete Didaktik des Islam[22] für muslimische Kinder hingewiesen werden. In verschiedenen Bundesländern wird nämlich überlegt, ob für Muslimkinder schulischer Religionsunterricht über den Islam in Ergänzung zu den Koranschulen einzuführen sei.

Unsere Studie versucht auf dem Hintergrund der katholischen Kirche und ihrer Geschichte mit den Weltreligionen Elemente einer zeitgerechten Didaktik der Weltreligionen zu formulieren und in drei Lernfeldern »Christen-Juden«, »Christen-Muslime« und »Christentum – Fernöstliche Religionen« zu konkretisieren. Dabei werden die Konzilsaussagen, Impulse von Angehörigen verschiedener Religionen *(Martin Buber, Emmanuel Lévinas, Karl Rahner, Johann Baptist Metz und Mutter Teresa)* sowie neuere theologische und religionspädagogische Veröffentlichungen aufgenommen. Interreligiöses Lernen soll in dieser Arbeit schwerpunktartig mit Blick auf den

Religionsunterricht theologisch, pädagogisch und didaktisch verantwortet werden. Welche Beiträge können die Kirchen, vorab die katholische, für diese gegenwärtige und zukünftige Herausforderung leisten? – Dazu sind zunächst die gesellschaftlichen, die kirchlichen und die theologischen Voraussetzungen zu vergegenwärtigen.

1. Die Voraussetzungen
interreligiösen Lernens

In den vergangenen Jahren waren die westeuropäischen Staaten tiefgreifenden Veränderungen unterworfen. Mit unglaublicher Geschwindigkeit wuchsen die Völker zu einer Schicksalsgemeinschaft zusammen. Frühere agrarische Strukturen sind hochindustrialisierten gewichen. Das Nord-Süd-Gefälle hat sich nicht etwa verringert, sondern vergrößert, und hinzugekommen ist die neue West-Ost-Problematik. Schwierige Binnenwanderungsbewegungen und interkontinentale Migrationen[23] haben die neue multikulturelle und multireligiöse Situation verursacht, die nun in ihren Ausprägungen näher betrachtet werden soll:

1.1 Das farbige Gesicht unserer Schulen

– Die Zusammensetzung der Schulklassen und die Herkunft der Schüler haben sich stark verändert. Bildeten ausländische Kinder – vor allem aus Ungarn und aus Polen – einst eher die Ausnahme, so machen sie heute einen beachtlichen Teil der Schülerschaft aus; in der Stadt Dortmund beispielsweise besuchen zur Zeit (1994) Kinder aus 89 Nationen 79 Kindergärten.

Es gibt Grundschulklassen, in denen Ausländerkinder die Mehrheit bilden. Das Gesicht unserer Schulen ist farbiger als zu früheren Zeiten geworden.

- Infolge des sozio-ökonomischen Nord-Süd-Gefälles in Europa gelangten in den sechziger Jahren *Gastarbeiter* aus Italien, Spanien und Portugal nach Deutschland, Frankreich und in die Schweiz. Etwas später zogen die *Familien* nach. Anfänglich stand diese Einwanderung im Zeichen der Assimilation und der Anpassung. Faktisch wurden die immigrierten Kinder ihrer Heimat entwurzelt; die zweite Generation ist zwischen zwei Kulturen aufgewachsen.
- In den 70er Jahren nahmen die *Austauschstudierenden* zu. Während Schülerinnen und Schüler aus Europa in den USA und Kanada (heute auch in Südamerika, Mexiko und Australien) mit 16/17 Jahren ein Auslandjahr verbringen, kommen im Gegenzug Jugendliche aus diesen Ländern zu uns. Ein interkultureller Austausch, wenn auch oft in kleinen Gruppen, geschieht und bereitet das Verständnis für die Fremden vor.
- In den 80er Jahren sind viele Väter, teilweise mit ihren Familien, aus der Türkei und dem ehemaligen Jugoslawien nach Westeuropa gekommen. Ein Großteil stammt aus der Mittel- und Osttürkei und gehört der islamischen Religion an.
- In den letzten Jahren ist die Zahl der Kinder und Erwachsenen aus den *östlichen Ländern* angestiegen. Die Dauer ihrer Aufenthalte in Westeuropa nimmt zu, die Möglichkeiten und der Wille, heimzukehren, schwinden.
- Weiter ist ein Asylbewerberstrom aus einzelnen Ländern des *mittleren und fernen Ostens* (z.B. Pakistan, Sri Lanka, Vietnam) und auch aus *Afrika* (Nigeria) hierher gekommen. Häufig ist die Rückkehr aus politischen Gründen erschwert oder gar verwehrt. Einzelne suchen und finden in den Kirchen Asyl. Wenn sie hier einmal Fuß gefaßt haben, wird eine Rückkehr schwierig.

Damit sind einige Ursachen erwähnt, welche für das farbige Gesicht unserer Schulen mitverantwortlich sind. Schüler und Schülerinnen aus allen Kontinenten und aus vielen Ländern sind vertreten. Weiße, gelbe und schwarze Gesichter ergeben ein buntes Bild unserer Schülerschaft. Die Kommunikation geschieht auf verschiedene Weise: auf deutsch, in den Herkunftssprachen der ausländischen Kinder, in den Dialekten, nicht zuletzt mit Handzeichen, durch Blicke und durch einfache Körpersprache. Jedenfalls ist die Verständigung nicht immer einfach. Was die Kinder mit großer Selbstverständlichkeit lernen (müssen), ist das Zusammenleben untereinander. Gewiß, es gibt auch Konflikte zwischen den verschiedenen Gruppen, oft mit Minderheiten, aber die Schulen haben durch ihr farbiges Gesicht auch *neue Lernchancen* erhalten: Der enge Horizont wird stets auf andere Kulturen und Religionen hin erweitert. Ein interkultureller und interreligiöser »Dialog des Lebens« hat begonnen.

1.2 Von den konfessionellen Milieus zur pluralistischen Gesellschaft

Der gesellschaftliche und kulturelle Wandel vom einheitlichen zum farbigen Gesicht der Schulen geht Hand in Hand mit einer tiefgreifenden Veränderung auf religiösem Gebiet, nämlich vom konfessionellen Einheitsmilieu zur pluralistischen, interreligiösen Gesellschaft.[24]
Bis in die unmittelbare Nachkriegszeit war die Gesellschaft noch nicht mit Angehörigen so vieler verschiedener Religionen durchmischt. Vielmehr lebten die Katholiken – besonders in ländlichen Gebieten – weitgehend unter sich und bildeten eine gesellschaftliche und religiöse Subkultur aus. Für das *kon-*

fessionelle Milieu war *bezeichnend,* daß das bürgerliche und kirchliche Leben (fast) deckungsgleich waren. Von der Wiege bis zur Bahre lebte man in konfessionellen Einrichtungen und Institutionen, vom katholischen Kindergarten über die katholischen Schulen bis hin zu katholischen Vereinen, Krankenkassen und Freizeitgruppen. Die Konfessionszugehörigkeit brachte mit Selbstverständlichkeit die Zugehörigkeit zu einer politischen C-Partei mit sich. Die Sonntags- und Festkultur waren ebenso festgelegt wie die Frömmigkeitsformen in Gebet, Sakramentenempfang und Wallfahrten. Ferner gehörten gewisse Grundüberzeugungen dazu wie die Treue zur kirchlichen Hierarchie, das Vermeiden einer Mischehe oder die Auswahl des Lesestoffes nach kirchlichen Grundsätzen.

Die Katholiken mußten nicht mit andersdenkenden Menschen, mit Angehörigen anderer Konfessionen oder Religionen zusammenzuleben. Im Gegenteil: Man mied ganz bewußt die Nichtkatholiken, als wären sie »Feinde«, welche die katholischen Grundüberzeugungen ins Wanken bringen könnten. So war es von vornherein kaum möglich, andere Religionen und Denkformen, andere Weltanschauungen und religiöse Praktiken kennenzulernen. Um seine Identität zu wahren, schottete man sich von den andern ab.

In den 50er bis zu den 70er Jahren wurden dann die Strukturen der konfessionellen Milieus tiefgreifend und im Rückblick verhältnismäßig schnell transformiert. Die Massenmedien, voran das Fernsehen, brachten die weite Welt und die pluralen Anschauungen und Lebensstile in die Stube. Die Zugehörigkeit zur katholischen Kirche wurde gelockert, das Sonntagsgebot freiheitlicher interpretiert und die katholische Konfession nicht mehr zwingend mit einer Parteizugehörigkeit oder dem Besuch bestimmter Schulen identifiziert. Die Moral änderte sich von einer Gehorsamsmoral zu einer Verantwortungsethik,[25] bisweilen mit individualistischen Nebenerscheinungen. Die Bevölkerung durchmischte sich in bezug auf die Konfession zusehends, und die Katholiken wurden zu selbstverständlichen und gleichberechtigten Mitgliedern der pluralistischen und multireligiösen Gesellschaft. Die ältere Generation allerdings hat diesen rasanten Wandel in unterschiedlichem Ausmaß mitvollzogen. Die von vielen angelernte Abwehrhaltung gegenüber dem Fremden schlechthin, das Ghetto- Dasein, die Erziehung zur Bewahrung sowie gewisse Vorurteile gegenüber Andersgläubigen sitzen tief und können im Alter nicht einfach abgestoßen werden.

Die multikulturelle, interkonfessionelle und religiös-plurale Situation, wie sie sich im ausgehenden zweiten Jahrtausend nach Christi Geburt – scheinbar irreversibel – zeigt, ist für einstige »Milieukatholiken« ungewohnt und wirkt auf viele beunruhigend, auf manche gar provokativ. Sie als Herausforderung anzunehmen, sich ihr gegenüber positiv einzustellen und sich in ihr zu bewähren, all das sind Zukunftsaufgaben, die zu lösen deshalb nicht leicht sind, weil sie für viele schlicht neu sind.

Nachdem nun im Hinblick auf unser Projekt »Interreligiöses Lernen« einerseits die veränderte Schulsituation erörtert und andererseits der gesellschaftliche Wandel dargelegt wurden, sollen jetzt drittens die theologischen Voraussetzungen zur Sprache kommen, und zwar deshalb, weil das Zweite Vatikanische Konzil die Ekklesiologie und von da aus das Verhältnis der Kirche zu den nichtchristlichen Religionen neu bestimmt hat. Eine weitere Folge betraf das Missionsverständnis.

1.3 Mission und interreligiöser Dialog – die theologischen Voraussetzungen[26]

Mutter Teresa (Bojaxhiv), geboren 1910 in Skopie, Mazedonien, hat sich nicht nur in radikaler Weise in den Dienst der Ärmsten und der Sterbenden von Kalkutta gestellt; sie hat ebenfalls den Missionsgedanken im interreligiösen Kontext neu formuliert und gelebt. Dabei war und ist ihre Ehrfurcht vor jedem Menschen – unabhängig von Religion, Rasse und Nation – so groß, daß sie ihn in seiner Originalität als Geschöpf Gottes, ausgestattet mit Würde und Freiheit, respektiert. Jede Person ist in ihrer Existenz und in ihrem Sosein erwünscht. Nach ihrer Meinung sollen weder Hindus noch Muslime zum Christentum konvertieren. Vielmehr mögen Hindus bessere Hindus, Muslime bessere Muslime und Christen bessere Christen werden. Allen tut Bekehrung zu ihren eigenen Wurzeln not. Zu einem Patienten hinduistischer Religion sagte sie in dessen Sterbestunde:»*Sprich du ein Gebet in deiner Religion, und ich werde ein Gebet sprechen, wie ich es kenne. Zusammen sprechen wir diese Gebete, und es wird etwas Schönes für Gott sein.*«[27] Streng achtete sie darauf, daß die Verstorbenen nach dem Ritual ihrer Religion bestattet wurden. Hindus nach ihrem Tod ungefragt christlich zu bestatten, wäre in ihren Augen ein Sakrileg.

Mutter Teresas Mission ist der gelebte Glaube, spirituell reich genährt aus Gebet, Eucharistie und Anbetung. Er wird in der absichtslosen Diakonie wirksam. Daß ihr Christsein eine große Ausstrahlung hat und insofern missionarisch ist, zeigt sich in ihrer offenen Art, den Menschen zu begegnen und in den zahlreichen neu gegründeten Stationen ihres Schwesternordens.

Mutter Teresa ist damit weit entfernt vom Selbstverständnis und der konkreten Gestalt der *Missionierung im 19. Jahrhundert*. Bei aller uneigennützigen Arbeit der Missionare werden gegenwärtig gewisse Fehlformen dieser Missionsarbeit, nämlich der Kolonialismus, der Eurozentrismus und das Exportchristentum offen zugegeben.[28] Es mutet heute seltsam an, wenn man an die lange Zeit vertretene Auffassung erinnert, das Christentum würde sich kontinuierlich auf der ganzen Erde ausbreiten, bis alle Menschen Christen seien. Mit Bezug auf die Schrift dachte man an eine baldige Einheit unter einem Hirten.[29] Doch die Interpretation dieser Vision stellt sich immer deutlicher als Irrtum heraus. Die Missionierung der Weltreligionen durch das Christentum hat nicht überall gegriffen. Für Hinduismus und Buddhismus scheint das Christentum weitgehend fremd und europäisch geblieben zu sein. Vertreter des Judentums wie *Schalom Ben Chorin* lehnen eine Judenmission strikt ab, weil dadurch »*ein Sprecher den anderen vom jeweiligen Irrtum und der eigenen Wahrheit überzeugen*«[30] (wolle). Statt »Überredung« soll »Unterredung« geschehen. Im ökumenischen, interreligiösen Dialog sollen »beide Teile einander annehmen, einander in ihrer Eigenständigkeit erkennen und die gemeinsamen Wurzeln der Glaubensweisen freilegen, ohne die Demarkationslinien zu verwischen«.[31]

Von muslimischer Seite wird heute nicht Missionierung, sondern das Gespräch ohne Bekehrungsabsicht gefordert. Die Behauptung, selbst durch das Schwert missioniert zu haben, streng zurückweisend, fordert beispielsweise *Muhammad Salim Abdullah*, daß Christen lernen müssen, Muslime mit deren Augen zu sehen: zunächst in soziologischer Hinsicht als Minderheit und dann in religiöser Hinsicht als Muslime mit eigenständiger Religion. Dies wiederum impliziere eine Überprüfung des traditionellen Missionsverständnisses,[32] weg von der Proselytenmacherei und hin zum respektvollen Dialog, zu guten Werken und zur gemeinsamen Sorge um das Überleben der Menschheitsfamilie.[33]

Mission gehört nach wie vor wesentlich zum christlichen Glauben. Aber sie zielt nicht mehr primär auf Verkirchlichung, sondern auf das Reich Gottes im Sinne einer umfassenden Befreiung aller Menschen und auf die Rettung der noch ›seufzenden Schöpfung‹ (vgl. Röm 8,18 – 22). Dieses Leben in Fülle oder – mit den Worten des konziliaren Prozesses – in Gerechtigkeit, Frieden und Bewahrung der Schöpfung – sehen Christen im Mysterium der Erlösung durch Leben, Kreuz und Auferstehung Jesu Christi begründet. Der Missionsauftrag führt sie heute mit anderen Religionen zusammen, ja, sendet sie mit allen Menschen guten Willens auf den Weg des anbrechenden Reiches Gottes. Mission und interreligiöser Dialog verbinden sich in fruchtbarer Weise zum gemeinsamen Handeln.

Interreligiöses Lernen von katholischer Warte aus betrachtet, kann und muß sich auf der Grundlage bewegen, die das *Zweite Vatikanische Konzil* geschaffen hat. Das dort neu errungene Selbstverständnis der Kirche kann als Fortführung, Ergänzung und Korrektur desjenigen des Ersten Vatikanums gesehen werden. Es impliziert eine Neubewertung der Weltreligionen und in der Folge eine neue Bestimmung der Beziehungen zwischen Kirche und Weltreligionen. Die damit vollzogenen Akzentverschiebungen in der herkömmlichen Ekklesiologie sind bis heute so bedeutend, daß einige diese Errungenschaften am liebsten unter den Tisch kehren würden. Für ein Lernen zwischen den Religionen bilden sie aber ein unentbehrliches Fundament.

Hintergrund der Konzilsaussagen über die nichtchristlichen Religionen und die Beziehung der Kirche zu ihnen bildet die im katholischen Raum mit einiger Verzögerung 1965 proklamierte *Religionsfreiheit*. Die dafür eigens abgefaßte »Erklärung über die Religionsfreiheit«, welche die Konzilsväter mit 2308 Ja- gegen 70 Nein-Stimmen und acht ungültigen Stimmen großmehrheitlich verabschiedeten, hat festgehalten, daß jede Person aufgrund ihrer Würde zur Freiheit in religiösen Dingen berufen ist. Niemals darf ein Mensch gegen sein Gewissen zum Bekenntnis und zur Ausübung einer Religion gezwungen werden (Dignitatis humanae, Nr. 2-4).

Das Selbstverständnis der katholischen Kirche änderte sich insoweit, als diese sich nicht mehr als »vollkommene Gesellschaft« (societas perfecta) verstand, nicht mehr als exklusive Heilsvermittlerin (nulla salus extra ecclesiam), sondern geschichtlich-dynamisch als Volk Gottes unterwegs und als Instrument und Sakrament der Einheit zwischen Gott und Welt. Die katholische Kirche ist nicht mehr einfach identisch mit der Kirche Christi; vielmehr ist die katholische Kirche in der Kirche Christi verwirklicht (subsistit)(Lumen gentium, Nr. 8).

Von den Weltreligionen wurde erstmals positiv ausgesagt, daß in ihnen unzählige Menschen eine *erfüllende Sinndeutung und Existenzerfahrung* erleben. Das Konzil sprach in Ehrfurcht von dem »Wahren und Heiligen« anderer Religionen und erblickte darin das Werk des lebendigen Gottes.

Ferner erklärte die Kirchenkonstitution Lumen gentium (1964) die *Verbundenheit der Kirche mit den anderen Religionen*, die selbst dann gegeben ist, wenn diese Religionen nicht den (nach katholischer Ansicht) »vollen Glauben« bekennen. In Kapitel 16 wird der göttliche Wille auf alle ausgedehnt, die sich zum Schöpfer bekennen, namentlich auf die Juden und die Muslime.

Gemäß dem Stufenmodell[34] – damals ein Fortschritt, heute als ungenügend erkannt – sind alle, die sich zum Glauben Abrahams bekennen und den einen, barmherzigen und richtenden Gott anbeten, auf das Gottesvolk in verschiedener Weise *hingeordnet*. Es gibt auch *Glaubenswege außerhalb der Kirche*, die allein Gott kennt (Ad gentes 7).

Mit welcher Achtung das Konzil über das Judentum gesprochen hat, aus dem die Kirche wuchs und mit dem das Christentum am tiefsten verbunden ist, und über den ebenfalls monotheistischen Islam und selbst über Hinduismus und Buddhismus,[35] soll in den entsprechenden Kapiteln genauer dargelegt werden.

All das bedeutet für eine Didaktik der Weltreligionen zunächst die Forderung *nach der Grundeinstellung des vorbehaltlo-*

sen Respekts und der Toleranz gegenüber Andersgläubigen. Das Wehen des Gottesgeistes ist weder auf die katholische Kirche noch auf die Kirchen beschränkt, sondern erfüllt das ganze All. Gott will ausdrücklich, daß *alle* Menschen gerettet werden (1 Tim 2,4). Zehn Jahre nach dem Konzil betonte Papst Paul VI. in seiner Enzyklika *Evangelii nuntiandi* (1975) die Priorität des impliziten Zeugnisses vor der expliziten Verkündigung. Dieses Zeugnis könne auch den unbekannten Gott bezeichnen, den viele Völker anbeten, ohne ihm einen Namen zu geben (Nr. 26). Nochmals 15 Jahre später erinnerte Johannes Paul II. in der Enzyklika *Redemptoris Missio* (1990) an die fortdauernde Gültigkeit des missionarischen Auftrages.[36] Er richtete sich an Nichtchristen und Länder mit christlichen Traditionen, »wo ganze Gruppen von Getauften den lebendigen Sinn des Glaubens verloren haben« (Nr. 33). »Andererseits wendet sich die Kirche an den Menschen im vollen Respekt vor seiner Freiheit... Die Kirche schlägt vor, sie drängt nicht auf. Sie respektiert die Menschen und Kulturen, sie macht Halt vor dem Heiligtum des Gewissens« (Nr. 39). Der interreligiöse Dialog dient der wechselseitigen Kenntnisnahme und Bereicherung. Er ist »Teil der Sendung der Kirche zur Verkündigung des Evangeliums« (Nr. 55) und kann vielfältige Formen und Ausdrucksweisen annehmen, vom Gedankenaustausch über die Zusammenarbeit »bis zum sogenannten ›Dialog des Lebens‹, in dem die Gläubigen verschiedener Religionen einander im Alltag die eigenen menschlichen und religiösen Werte bezeugen und einander helfen, diese zu leben und so eine gerechtere und brüderlichere Gemeinschaft zu schaffen« (Nr. 57).[37]
Der »*Katechismus der katholischen Kirche*« (1993) bestätigte die Lehre des Konzils. Ausgehend vom Bild der Völkergemeinschaft, sieht er den gemeinsamen Ursprung und das Ziel des Menschengeschlechtes in Gott. Die römischen Katholiken

stehen mit den orthodoxen Christen in einer tiefen Gemeinschaft, was zur gemeinsamen Feier der Eucharistie berechtigt (Nr. 838). »Mit den Juden hat das Christentum ähnliche Ziele« (Nr. 840), mit dem Islam ist es durch den Monotheismus und die Hoffnung auf den Jüngsten Tag verbunden (Nr. 841), und mit allen, die Christus noch nicht kennen, soll es in einen »respektvollen Dialog« (Nr. 856) treten.[38] Abgesehen von Erklärungen, etwa in Enzykliken, legt der gegenwärtige Papst Gewicht auf *symbolische Gesten*. Er hat nicht nur mit den Juden am 13. April 1986 in der Großen Synagoge Roms gebetet, sondern bereits zweimal zu einem *interreligiösen Gebet* in die Franziskusstadt Assisi eingeladen. Am 27. Oktober 1986 traf er sich mit zahlreichen Vertretern der Weltreligionen zu einem Friedensgebet, wobei die Vertreter der asiatischen Religionen und verschiedener sogenannter Stammesreligionen einen Großteil der Anwesenden ausmachten. Am 9./10. Januar 1993 versammelten sich die Vertreter der christlichen Kirchen, des Judentums und des Islam mit dem Papst, um für Frieden im ehemaligen Jugoslawien zu beten. Ohne diese gemeinsamen Gebete überbewerten zu wollen, setzen sie doch zukunftsweisende Akzente. Christen und nicht-christliche Gläubige lassen sich von konkreten Nöten der Welt herausfordern. Sie solidarisieren sich untereinander und mit den Notleidenden. Damit beten Menschen verschiedener Religionen einmütig für eine gute Zukunft aller Menschen.

Durch diese Ausführungen dürfte deutlich geworden sein, daß die katholische Theologie einerseits das Zusammenrücken der Religionen als Anlaß zu einer Revision ihrer bisherigen (Vor-) Urteile nahm und andererseits den interreligiösen Dialog nicht nur befürwortete, sondern auch selbst in Gang brachte. Das Zeugnisgeben gehört selbstverständlich zum christlichen Missionsauftrag, welcher gegenüber den Weltreligionen im respektvollen Dialog und in Achtung vor dem Gewissen zu geschehen hat.

Für kirchliche Lehrschreiben, den RU und die Predigt hat das Konzil unmißverständlich das *Ende der Verketzerung anderer Religionen* eingeläutet. Viel dazu beigetragen haben die Kardinäle Bea, Willebrands, Döpfner und Jaeger sowie postkonziliare Gespräche und Verlautbarungen.

1.4 Exklusivismus, Inklusivismus und Pluralismus – drei Beziehungsmodelle

Interreligiöses Lernen aus römisch-katholischer Sicht muß sich im Vorfeld eines so folgenreichen Unternehmens weiter darüber Rechenschaft abgeben, nach welchem Beziehungsmodell diese Lernprozesse anzugehen und welche Implikationen damit verbunden sind. Seit dem Konzil hat sich nämlich eine rege Diskussion über den *»Absolutheitsanspruch des Christentums«*,[39] über die theologische Einschätzung der Weltreligionen und den Dialog zwischen Christentum und nichtchristlichen Religionen in der *einen* Welt entfacht, deren Ausgang zum gegenwärtigen Zeitpunkt noch offen ist. Wenn aber interreligiöses Lernen bedeutet, *voneinander im Glauben zu lernen*, dann kann dies sinnvoll nur in der Überzeugung geschehen, daß diese Religionen heilsbedeutsam sind und Heilswegfunktion haben. Nicht weiter vertretbar ist dann die doch über Jahrhunderte tradierte Auffassung, Juden, Muslime und alle weiteren »Sekten« seien vom Leib Christi abgeschnitten und vom ewigen Heil ausgeschlossen. Und die Aufforderung des 1929 heiliggesprochenen und zum Kirchenlehrer erhobenen *Petrus Canisius*, es gehöre zum Christein (vere christianus), »sie (die Nichtchristen) zu verurteilen und zu verabscheuen«,[40] steht dazu im Widerspruch.

Im ersten Beziehungsmodell des *ekklesiozentrischen Exklusivismus* werden Wahrheit und Heil allein in der römisch- katholischen Kirche und für ihre Mitglieder gesehen. Das Konzil hat dieses Modell insofern gesprengt, als es mit Anerkennung und Hochachtung von den nichtchristlichen Religionen sprach (Nostra aetate, Nr. 1-5), ihnen Wahres und Heiliges zugestand (ebd., Nr. 2) sowie die Möglichkeit außerkirchlicher Wege zum Glauben, die allein Gott kennt (Ad gentes, Nr. 7), einräumte. Damit wurde die lange Zeit aufrechterhaltene Meinung »außerhalb der Kirche kein Heil« (nulla salus extra ecclesiam) verabschiedet und die selbstgenügsame Rede von der allein seligmachenden Kirche verlassen. Für den interreligiösen Dialog ist sie deshalb nicht mehr angemessen, weil sie von einem Superioritätsanspruch der Kirche gegenüber allen Religionen ausgeht, der von diesen aus betrachtet nur schwer zu akzeptieren ist und ein offenes Gespräch praktisch blokkiert.

Die neueste Missionsenzyklika »Redemptoris Missio« (1990) indessen tritt für den *»Dialog mit den Brüdern aus anderen Religionen«* (Nr. 55-57) ein. Sie erblickt in der Kirche nicht mehr den einzigen Weg des Heils, wohl »den eigentlichen«, und sie wähnt sie nicht mehr im Besitz der Wahrheit schlechthin, sondern lediglich der »Fülle der Heilsmittel« (ebd., Nr. 55). Das Heil bricht mit dem Reich Gottes und dem Wirken des Geistes Gottes an, – bisweilen außerhalb der Kirche –, während die Kirche »Zeichen und Instrument« des Heils ist (Lumen gentium, Nr. 1).

Beim *zweiten, christozentrischen Beziehungsmodell* ist ein exklusivistisches von einem inklusivistischen zu unterscheiden. Gemäß *christozentrischem Exklusivismus* gibt es »kein Heil außerhalb Christus« (nulla salus extra Christum), weshalb den nichtchristlichen Religionen kein Heilswert zuerkannt wurde. Diese Meinung hat der frühe *Karl Barth* der Dialektischen Theologie vertreten.[41] Er setzte den Glauben in schroffen Gegensatz zur Religion, lehnte letztere ab, ja erblickte in ihr gar

Unglaube und den menschlichen Versuch, Offenbarung und Erlösung Gottes zu usurpieren. Die *Evangelikalen* sehen allein in Jesus Christus einen Weg, die abgefallene Menschheit mit Gott zu versöhnen. Sie geben den Weltreligionen keine Heilschance und mißbrauchen einen allfälligen Dialog häufig zum Zwecke der Bekehrung.– Während der spätere Karl Barth seine einstige Position revidierte und das Religiöse in seinem Wert zu schätzen begann, dürfte der christozentrische Exklusivismus dem interreligiösen Dialog ähnliche Schwierigkeiten wie der ekklesiale Exklusivismus bereiten. Obwohl einzelne Schriftstellen fundamentalistisch für diese Einstellung sprechen, dürfte das Ganze der Schrift, wo auch Gottes universaler Heilswille bekundet ist (1 Tim 2,4), in ihr nicht aufgehoben sein.

Mehr Zuspruch hat deshalb in den letzten dreißig Jahren der *christozentrische Inklusivismus* gefunden.[42] Er besagt, daß zwar alles Heil in Jesus Christus, seinem Leben, Leiden, Sterben und Auferstehen begründet ist, daß aber außerdem weitere Heilsmöglichkeiten in anderen religiösen Traditionen offenstehen. Denn diese können mehr oder weniger explizit Anteil haben an Jesus Christus und sind somit relativ-gültige Heilswege. Für *Paul Tillich* ist die Fülle der Offenbarung ein für allemal in Jesus Christus erschienen. Doch darf das Christentum den Weltreligionen ihre Gültigkeit nicht absprechen, da sie ein Ergriffensein vom Unbedingten, Absoluten und Heiligen zum Ausdruck bringen. Diese Konzeption ist für den Dialog der Religionen hilfreich, weil sie von ihm eine Vertiefung der Beziehung zum Absoluten erhofft.

Auch *Karl Rahner* ist dieser Sicht des Verhältnisses des Christentums zu den Weltreligionen verpflichtet.[43] Er stellt sie auf vier Pfeiler: a) auf die absolute Selbstmitteilung Gottes in Jesus Christus, den endgültigen Heilsbringer, b) auf Gottes universalen Heilswillen, c) auf das allen Menschen zuteil gewordene übernatürliche Existential oder die gnadenhafte Selbstmitteilung Gottes und d) die damit verknüpfte Annahme der anonymen Christen, die ihren Glauben nicht explizit bekennen, wohl aber implizit leben. Nach Rahner können damit auch Nichtchristen vom Licht Gottes erleuchtet werden und so am Absolutheitsanspruch des Christentums partipizieren. Dem kommt aber faktisch eine Deabsolutierung eines ausschließlichen Anspruchs des Christentums gleich. Das Christusereignis hat inklusivistischen Heilscharakter gewonnen.

Seit gut zehn Jahren kommt vom angelsächsisch-amerikanischen Raum her, verbunden mit Namen wie *John Hick, Leonard Swidler, Paul F. Knitter* u.a., das *pluralistische theozentrische Modell der Religionstheologie* (pluralist model) nach Europa und gewinnt zusehends an Boden.[44] Es wurde angespornt vom Gesprächsangebot der Ökumenebewegung, von der Öffnung des Konzils und von den ersten Ergebnissen des jüdisch-christlichen Dialogs. Seine Intention zielt auf paritätische Verständigung mit den vielen Religionen der Welt, in denen es vollwertige, dem Christentum ebenbürtige Heilswege erkennt.

Ausgangspunkt bildet die Einsicht, daß christliche Theologie ihren Erfahrungsschatz nicht mehr bloß innerchristlich (selbstreferentiell) formulieren kann, sondern ihn unweigerlich *angesichts der Weltreligionen* explizieren muß. Die Kenntnis und Anerkenntnis der Andersgläubigen inspiriert das eigene Wachstum aus den spirituellen Quellen. Das interreligiöse Gespräch unter gleichwertigen Partnern erleichtert die Offenheit und vertieft die Konvivenz auf engem Raum. Es läßt die Vertreterinnen und Vertreter der Weltreligionen zu einer empathischen Lerngemeinschaft zusammenwachsen, nicht zu einer Mischreligion, sondern zur Vertiefung des je eigenen Selbst-, Welt- und Gottesverständnisses. Diese neue Sichtweise, die John Hick mit einer kopernikanischen Wende für die christliche Theologie verglichen hat, verwendet nicht mehr einen statischen Wahrheitsbegriff, sondern vielmehr einen dynamischen und prozessualen. *Wahrheit ist stets kontextgebunden und folglich wesenhaft plural.* So manifestieren die verschiedenen Religionen in ihren Formen Wahrheit. Die pluralistische Religionstheologie postuliert nun eine letzte heilstiftende Einheit, die allen religiösen Manifestationen zugrundeliegt: also Einheit in der Vielfalt. – Damit wird das gängige Schwarz-Weiß-Denken auf ein differenzierteres hin überschritten. Zweifellos stellt dieses neue Modell für Christentum und christliche Theologie eine *große Herausforderung* dar. Auf den ersten Blick scheint der christliche Glaube an die einmalige und eschatologisch gültige Rettung durch Christus völlig relativiert. Einzigartigkeit und Universalität des Christentums scheinen kompromittiert. Im Grund aber möchten diese Denker nur falschem Superioritätsdenken, das in der Vergangenheit mit kolonialistischem Handeln vermischt und so pervertiert wurde, entgegentreten und die großen Religionen in ihrer Eigenständigkeit verstehen. Für das Christsein sehen sie nach wie vor den Weg und das Schicksal Jesu Christi konstitutiv. Doch möchten sie diesen Weg nicht mehr als einzig gangbaren und für alle Menschen zwingend notwendigen Weg begreifen. Nicht zu bestreiten ist indessen die Tatsache, daß diese pluralistische Konzeption mit der biblischen Sicht nicht von vornherein vereinbar ist.

Für das interreligiöse Lernen ist von Belang, daß sich die christliche Theologie selbst in einen Lernprozeß involvieren läßt, über ihre Heilssicherheit nachdenkt und nicht mehr erhaben auf die anderen Religionen herabblickt, sondern mit ihnen mehr denn je das Gespräch sucht. Überdies dürfte die Neuentdeckung der Quellen in den Weltreligionen (Neohinduismus, Neobuddhismus und neues Islambewußtsein) nicht ohne Rückwirkung auf das in eine Krise geratene abendländische Christentum bleiben.

1.5 Interreligiöses Lernen, Jugend und Gesellschaft

Soll interreligiöses Lernen ernsthaft projektiert und in seinen Möglichkeiten realistisch eingeschätzt werden, ist es mit der gegenwärtigen Jugend zu konfrontieren und vor dem gesamtgesellschaftlichen Hintergrund zu reflektieren. Denn interreligiöses Lernen dürfte eine umfassende Aufgabe darstellen, die primär der Jugend übertragen wird und die sie teilweise bereits angegangen hat. Die Jugend ihrerseits ist stets in ihrer Verwiesenheit auf die Erwachsenengeneration zu begreifen, weil diese ihr die gegenwärtige und künftige Welt arrangiert und sie durch ihre Erziehungsbemühungen in einem bestimmten Ausmaß beeinflußt.

Über Pfingsten 1993 kam es in Solingen zum bisher schwersten und folgenreichsten fremdenfeindlichen Brandanschlag auf die türkische Wohnbevölkerung in Deutschland. Zwei junge Frauen im Alter von 18 und 27 Jahren und drei Mädchen von vier, neun und 13 Jahren wurden Opfer des in Brand gesetzten Fachwerkhauses, das die Großfamilie bewohnte. Drei weitere Kinder erlitten lebensgefährliche Verletzungen. Als Täter wurden ein 16jähriger Schüler und drei junge Männer (19, 20 und 23jährig), die zur rechtsextremen Szene gehören, festgenommen. Unter Alkoholeinfluß schütteten die vier Jugendlichen Benzin auf die Hauswände und entzündeten sie. Der Solinger Mordfall löste weit über Deutschland hinaus große Betroffenheit aus. Die fünf Opfer gehörten der muslimischen Religion an. Unter anderem stellte sich die Frage, ob die heutige Jugend gewaltbereiter sei im Vergleich zur Jugend früherer Zeiten. Die Jugendforschung hat nach dem Vergleich verschiedener Ergebnisse aus Untersuchungen zu Gewalt, Rassismus und Rechtsextremismus folgende Tendenzen ausgemacht.[45]

- Mädchen neigen weniger zu Gewalttaten und Ausländerfeindlichkeit als Jungen;
- Ausländerfeindlichkeit korreliert mit dem Bildungsstand so,
daß höhere Bildung zu mehr Toleranz führt;
- Ausländerfeindlich eingestellte Jungen finden sich häufiger
in den neuen als in den alten Bundesländern, besonders häufig unter den Lehrlingen, und sie neigen politisch zu rechts
stehenden Parteien und subkulturellen Gruppen;
- Mit der oben gemachten Feststellung des Zusammenhangs
von Jugendlichen und Erwachsenen stimmt überein, daß
Fremdenfeindlichkeit in Elternhäusern mit höherer Bildung seltener vorkommt als in solchen mit niedriger Bildung.

Skeptisch zeigt sich diese Forschung gegenüber Behauptun-
gen, die xenophoben Einstellungen würden quantitativ zuneh-
men, denn mehr als die Motive des Autoritarismus, der Le-
benslage, Entwurzelung und Orientierungslosigkeit dürften
gruppendynamische Faktoren für die Genese von Gewalt-
übergriffen verantwortlich sein, etwa die Gefühle, an den
Rand gedrängt, zurückversetzt zu sein und zu kurz zu kommen, der Mangel an Kommunikationsfähigkeit, an diversen
Freizeitmöglichkeiten in einzelnen Regionen, die aufkom-
mende Langeweile in den Subkulturen und die Unfähigkeit
zur sinnvollen Lebensgestaltung.
Vor diesem Hintergrund stellt interreligiöses Lernen für die
Jugend und für die Gesamtgesellschaft nicht nur eine große
Herausforderung dar, sondern ist zugleich von höchster
Dringlichkeit und Notwendigkeit. Interreligiöses Lernen ist
zwar kein Allheilmittel gegen Langeweile und Realitätsverlust,
ja, es stößt auf den Widerstand der in vielerlei Hinsicht lern-
unwilligen Menschen überhaupt. Aber es birgt die Chancen in
sich, Fremdenhaß abzubauen, zur Achtung der Menschenwür-
de und zum Gewaltverzicht beizutragen.

1.6 Interreligiöse Begegnung als neuer Zugang zum Religiösen

Abgesehen vom veränderten gesellschaftlichen Umfeld und den gewandelten theologischen Voraussetzungen, ergibt sich die Dringlichkeit interreligiösen Lernens nicht zuletzt aus dem Wandel des christlich-religiösen Lebensvollzuges selbst. Frühere Formen der Glaubensvermittlung, wie das Auswendiglernen des Katechismus, sind kreativeren Lernmethoden gewichen. Die traditionelle Gehorsams- und Sexualmoral mit Androhung schwerer Sünden hat einer Verantwortungsethik Platz gemacht. Gottesdienst und Sakramentenempfang werden nur noch von einer Minderheit praktiziert, und mit der Kirche haben die meisten ihre Not. Was schwerer wiegt: Bei vielen Jugendlichen ist der Sinn für die Tiefendimension des Lebens, für das Heilige und Geheimnisvolle verkümmert. Gewiß, die soziale und diakonische Dimension des Glaubens hat gegenüber der liturgischen an Bedeutung gewonnen. Trotzdem hat *Adolf Exeler* die bezeichnende Feststellung getroffen, daß der Glaube »verdunstet«. Nicht ohne Grund stellt sich die Frage, ob unsere Kinder noch Christen sein werden.

Geblieben aber ist im Herzen der Menschen die bereits von Augustinus beschriebene Unruhe. Geblieben sind bei jungen Menschen die Sehnsucht nach Verstanden-Werden, nach Gemeinschaft und Geborgenheit. Geblieben ist das Ausschau-Halten nach tragfähigen Lebensgrundlagen, nach Sinn in einer von Sinnvakuum geprägten Welt, nach Zuwendung in einer anonymen, kalten Gesellschaft.

Das Projekt interreligiösen Lebens trägt der multikulturellen und religiös-pluralen Welt Rechnung. Es nimmt die lebensweltlichen Erfahrungen der jungen Menschen ernst und gibt neue Antworten auf ihre elementaren Bedürfnisse. Wenn Jugendliche von der Bilderflut des audiovisuellen Zeitalters erdrückt werden und sie die Fähigkeit verlieren, unmittelbar

Gegebenes zu transzendieren, wenn sie erst anfanghaft eine Kultur des Dialogs entwickeln, so eröffnen ihnen Begegnungen mit Menschen anderer Kulturen und Religionen neue Räume und Möglichkeiten zu gelingendem, erfüllten Menschsein. Der Dialog und die Begegnung mit Fremden können nachdenklich machen und den Lebensstil hinterfragen. Die Glaubensüberzeugung von Juden und Muslimen zu erfahren, das Aufgehen östlicher Religionsangehöriger bei der Meditation zu erleben oder ihre tiefe Achtung vor allem Leben zu spüren: Von all dem können Christen für ihr eigenes Leben und für ihr persönliches Hoffen, Glauben und Lieben lernen.

So kann über den Umweg der Begegnung mit anderen Kulturen und Religionen ein *neuer Zugang zum eigenen Glauben* gewonnen werden. Von interreligiösen Treffen sind Impulse aufzunehmen für unser Handeln. So werden nicht unbedingt Konversionen nötig, sondern das Zurück zu den eigenen Wurzeln. Und diese Wurzeln geben Nahrung, Halt und Kraft für das Leben, womit eine fundamentale Bedeutung der Religion eingeholt wird.

2. Elemente einer Didaktik der Religionen

Aus der Überzeugung heraus, daß der Glaube wesentlich zu einem gelingenden Leben beitragen kann, kommt dem *Religionsunterricht* heute die Aufgabe zu, junge Menschen für die Tiefendimensionen des Lebens aufzuschließen. Dies kann auf verschiedene Weise geschehen, etwa durch informative Einführungen, durch Reflexion von Erfahrungen, durch handlungsorientierte Unterrichtssequenzen und so weiter. Die gegenwärtige multikulturelle und religiös-plurale Situation legt nun den Weg nahe, vor allem über Begegnungen und durch Gespräche mit Angehörigen anderer Bekenntnisse und Religionen in Kontakt zu kommen und von ihnen zu lernen. Dabei können die Augen für sonst unsichtbare Dinge und weite Horizonte geöffnet werden, die das oft hektische und oberflächliche Leben verbirgt. Reichtümer lassen sich entdecken, die sonst verschüttet bleiben. Auch die Hoffnung darf gehegt werden, daß interreligiöses Lernen zur Völkerverständigung beiträgt und die Gefahr der Nachstellungen gegenüber Ausländern, Juden und anderen schlechthin mindert.

Der *Religionspädagogik* kommt folglich die Aufgabe zu, die angesprochene Situation ernst zu nehmen und als Lernsituation zu begreifen. Sie wird die Voraussetzungen interreligiösen Lernens thematisieren, begründen und mannigfaltige Lernprozesse anstoßen. Schule und Religionsunterricht, Gesell-

41

schaft und Kirche sind Lernorte, wo sich junge Menschen auf ein gelingendes Zusammenleben vorbereiten und dieses einüben können. Um all die spontanen und geplanten Lernbemühungen zu inspirieren, didaktisch zu reflektieren und damit zu verantworten, kann die Religionspädagogik auf die wissenschaftliche Entwicklung ihrer Disziplin zurückgreifen. Ferner wird sie sich auf das Erbe der jüdisch-christlichen Tradition, die Philosophie- und Geistesgeschichte sowie auf Ergebnisse humanwissenschaftlicher Disziplinen abstützen und für das Vorhaben interreligiösen Lernens fruchtbar machen.

2.1 Auf der Basis des Synodenbeschlusses …

Eine Didaktik der Religionen wird sich zunächst abstützen auf das weithin anerkannte Grundsatzdokument »Religionsunterricht in der Schule« (1974) der »Gemeinsamen Synode der Bistümer in der Bundesrepublik Deutschland« (1972 – 75). Es wurde in der 6. Vollversammlung von 223 Synodalen gegen 8 Neinstimmen bei 9 Enthaltungen mit großer Mehrheit angenommen und stellt ein Modell dar, wie die Kirche in einer pluralistischen Welt präsent sein kann. Der Religionsunterricht seinerseits stand Ende der 60er und anfangs der 70er Jahre als Schulfach in Frage, und rasch wechselnde Konzeptionen drehten sich wie in einem Karussell. Dem Synodenbeschluß gelang es, folgende zukunftsfähige Positionen einzunehmen:

– In einer »Schule für alle« kann der Religionsunterricht nicht länger einseitig als kirchliche Verkündigung (kerygmatischer Religionsunterricht) praktiziert werden. Statt dessen zielt er in weltanschaulichen und religiösen Fragen *auf verantwortliches Denken und Verhalten*; er nimmt teil am

Bildungsauftrag der Schule und wird deshalb sowohl von der Kirche als auch der Schule und den einschlägigen Fachwissenschaften (Theologie, Erziehungswissenschaften) *konvergent begründet und gemeinsam verantwortet.* Dem liegt ein Verständnis der Religionspädagogik zugrunde, das verschiedene wissenschaftliche Argumentationsstränge integriert und nicht mehr die Dogmatik bloß nachträglich anwendet.

– Außer den *didaktischen Prinzipien* wie Schülerorientierung, Erfahrungsbezogenheit und offenes Curriculum übernimmt die Synode zwar nicht explizit, aber der Sache nach (z.b. von *Georg Baudler*) das *Korrelationsprinzip,* wonach die lebens-weltlich und biographisch geprägten Erfahrungen und Fragen der Schülerinnen und Schüler aufzugreifen und mit dem geschichtlich geoffenbarten und gewachsenen Glauben so zu verbinden sind, daß neue Glaubenserfahrungen daraus erwachsen können. Es geht darum, die Situation durch die Botschaft zu erhellen und die Botschaft neu auf die Situation zu beziehen: »*Der Glaube soll im Kontext des Lebens vollziehbar, und das Leben soll im Lichte des Glaubens verstehbar werden*« (2.4.2). Dieses Prinzip, das auf *Paul Tillich* zurückgeht, wird jüngst angesichts der veränderten Situation bei Kindern und Jugendlichen – auch und gerade aus den neuen Bundesländern – hinterfragt, ohne daß sich breits deutliche Konturen eines angemesseneren Konzeptes abzeichneten.[46]

– Drittens hat die Synode das Grundverständnis eines *diakonischen Religionsunterrichtes* vorgeschlagen, das inzwischen weiter entwickelt wurde.[47] Mit dem Hinweis auf Jesu Christi »*Dasein für andere*« soll die Kirche im Religionsunterricht jungen Menschen und somit der Gesellschaft als Ganzer uneigennützig dienen. Die humanisierenden und gesellschaftskritischen Impulse aus dem Geist des Evangeliums kommen letztlich allen – Jugendlichen, Gesellschaft, Kirche – zugute.

43

Mit diesen drei Schwerpunkten hat die Würzburger Synode den Religionsunterricht auf ein tragfähiges Fundament gestellt und damit für einen *schülerorientierten, erfahrungsbezogenen und zeitgerechten* Religionsunterricht votiert. Curricular offen strukturiert, soll er in den konkreten Situationen flexibel adaptiert werden. Von seinen Zielbestimmungen ist für das interreligiöse Lernen speziell Punkt 3 relevant: *»Der Religionsunterricht befähigt zu persönlicher Entscheidung und Auseinandersetzung mit Konfessionen und Religionen, mit Weltanschauungen und Ideologien und fördert Verständnis und Toleranz gegenüber der Entscheidung anderer«* (2.5.1). Bereits hier geht es um wichtige Einstellungen gegenüber den Weltreligionen und ihren Vertreterinnen und Vertretern. Nicht vorgesehen ist indessen ein interreligiöser Religionsunterricht mit aktiver Beteiligung der nichtchristlichen Religionen. Die Synode wußte sich einem konfessionellen Religionsunterricht verpflichtet (katholische Lehrkräfte, Schülerinnen und Schüler, Lehrinhalte), der für ökumenische Zusammenarbeit wie für interreligiöses Lernen offen ist.

Seit dem Zweiten Vatikanum und der Würzburger Synode begegnen wir in praktisch allen Lehrplänen den Erfahrungs- und Lernbereichen *»Religionen der Welt«* und in den meisten Lehrbüchern einzelnen Kapiteln und Lerneinheiten über das Judentum, den Islam und andere Religionen. Die Begegnung mit den Weltreligionen soll die Schülerinnen und Schüler in bezug auf ihren eigenen Glauben motivieren, inspirieren und auch in Frage stellen. Was noch weitgehend fehlt, ist eine *»Didaktik der Religionen«* und des interreligiösen Lernens. Wie sollen Schülerinnen und Schüler verschiedener Religionen miteinander über den Glauben ins Gespräch kommen und voneinander lernen? Eine Weiche hat die Synode allerdings mit der Aussage gestellt: *»Der Religionsunterricht dient nicht primär einer systematischen Stoffvermittlung. Die Synode wünscht, daß er – den Ansätzen moderner Didaktik gemäß – sich auf die Situationen der Schüler bezieht, sich ihren Fragen* *stellt, ihren Problemen nachgeht und Erfahrung zu vermitteln sucht«* (3.7).

Damit läßt die von der Synode bekräftigte Didaktik den Schluß zu, daß der Religionsunterricht nicht primär Vollständigkeit der Lehre anzustreben hat, sondern Erlebnisse und Erfahrungen, Begegnungen und Gespräche. Diese können dann vertieft und gegebenenfalls im Lichte des Glaubens gedeutet werden. Bei diesem Prozeß ergeben sich Gelegenheiten, das Ganze des Glaubens im Fragment[48] zu entdecken. In der vorgegebenen Wirklichkeit blitzen tiefere Sinn- und Glaubensdimensionen auf, etwa, wenn christliche Kinder muslimische beim Gebet erleben, wenn jüdische von ihren Glaubensüberzeugungen sprechen oder wenn sich buddhistische Mönche vor einer Buddhastatue niederwerfen. Wie durch Ritzen scheint die Transzendenz in den Alltag hinein.

2.2 …angereichert mit neueren religionspädagogischen Ansätzen aufgrund gewandelter Zeitverhältnisse

Die vergangenen 20 Jahre haben in Gesellschaft und Kirche so tiefgreifende Veränderungen mit sich gebracht, daß ein Fortschreiben des Synodenbeschlusses über den Religionsunterricht und das Aufgreifen moderner didaktischer Grundsätze unabdingbar wurden.[49] Die konfessionellen Milieus sind weiter abgeschmolzen; Pluralismus und Multikulturalität haben zugenommen; man spricht von einer sich-entkonfessionalisierenden Gesellschaft,[50] und die christliche Signatur im Alltag vieler Getaufter ist unkenntlich geworden. Nur noch eine Minderheit der Erwachsenen und eine noch größere Minderheit der Jugendlichen partizipieren am kirchlichen Leben, was freilich noch nicht heißt, sie führten ein unchristliches oder gar gottfernes Leben. Dennoch stellt man sich in Westeuropa die Frage: »*Werden unsere Kinder noch Christen sein?*«[51] Welche Reaktionen hat nun die Religionspädagogik auf diese gesellschaftlichen Entwicklungen gezeigt?

Der *symboldidaktische Ansatz*, wie er u.a. von *Hubertus Halbfas* entfaltet wurde und wird, trägt der inhomogenen Schülerschaft und dem Defizit an christlich-jüdischem Glaubenswissen insofern Rechnung, als er mit allgemein menschlichen und unmittelbar evidenten Symbolen Lernprozesse in Gang bringt. Symbole werden zu hermeneutischen Schlüsseln von aktuellen Erfahrungen und tradiertem Glauben und können neue Zugänge zu Glaubenserfahrungen verschaffen. Deshalb gilt die Symboldidaktik auch als neue Variante der Korrelationsdidaktik.

Da nun Symbole und symbolische Handlungen für alle Religionen zum unverzichtbaren Grundbestand ihres Selbstverständnisses und ihrer religiösen Praxis gehören, erweist sich dieser Ansatz ebenfalls für das interreligiöse Lernen als fruchtbar. Symbole und symbolische Handlungen können zu Ausgangspunkten für Gespräche zwischen den Religionen werden, Fragen auslösen und als »Fahrzeuge« interreligiöser Lernvorgänge dienen.

Zweitens sind in den 70er und 80er Jahren Impulse von der kommunikativen Handlungstheorie (Jürgen Habermas) und von der angelsächsischen Sprachphilosphie (J.L. Austin, J.R. Searle, D.D. Evans) in eine *kommunikative Didaktik*[52] integriert worden und haben Eingang in die Didaktik des Religionsunterrichts gefunden. In einer kommunikativen Didaktik wird Erziehung als sprachliches Geschehen verstanden, das zwischen gleichberechtigten Partnern mit dem Ziel der auszuhandelnden Verständigung geschieht. Statt autoritärer Vorgehensweisen mit der Intention, die Schülerinnen und Schüler in vorgegebene Verhältnisse einzupassen, sollen alle am erzieherischen Prozeß Beteiligten ihre Erfahrungen und Meinungen einbringen, bis ein Konsens über die Lernwege und die Lernziele erreicht ist. Dieser kritisch-emanzipatorische Ansatz strebt für die Lernorte Schule und Religionsunterricht Subjekt-Sein und intersubjektiv abgesprochenes Handeln an. Da er aber um die Grenzen seines Konzeptes weiß, die besonders im Erfahrungs- und Wissensvorsprung der Lehrer sowie in der Unterlegenheit der Schüler liegen, zielt er zumindest auf die Entwicklung der Selbst- und Mitbestimmungsfähigkeit der Schülerinnen und Schüler hin. Unterricht soll fortan nicht ohne sie geplant oder an ihren eigentlichen Fragen und Interessen vorbei durchgeführt werden, sondern in ständigem Austausch mit ihnen erfolgen. – Für das interreligiöse Lernen erscheint dieser Ansatz insoweit brisant, als er von der Gleichberechtigung aller Beteiligten an Gesprächsvorgängen ausgeht und dadurch bereits von Anfang an den Absolutheitsanspruch einzelner Religionen (vor allem des Christentums und des Islam) in Frage stellt. In der Tat soll Lernen zwischen den Religionen kein auch nur anfanghaft autoritäres Unternehmen sein, sondern vielmehr der Verständigung zwischen den Religionen dienen.

Drittens hat die überraschende Wiedervereinigung Deutschlands (1989) erneut die Konzeption des Religionsunterrichts als Schulfach zur Diskussion gestellt. Angesichts einer zunehmenden Zahl konfessionsloser Schülerinnen und Schüler und infolge der zunehmend synkretistischen Patchworkreligiosität, vergleichbar eines aus Flickenstücken zusammengesetzten Teppichs, wurde verschiedentlich der Anstoß zu einem Ersatzfach (z.B. Ethik oder Philosophie) und neuerdings zu einer obligatorischen *Religionskunde* bzw. einer Relgionen-Kunde gegeben, welche über die Kenntnisse in christlichen Konfessionen hinaus Wissen über andere Religionen und Weltanschauungen vermittelt. Die Debatte über diese Vorschläge ist zur Zeit noch in vollem Gange.[53]

Konkrete Hinweise für die Notwendigkeit und die Gestaltung interreligiösen Lernens sind jüngst in einem »*Plädoyer*« vom *Deutschen Katecheten-Verein* zum »Religionsunterricht in der Schule« (1992) ausgegangen. In These 4 plädieren die Autoren *Günter Lange, Rudolf Englert, Jan Heiner Schneider* und andere »*für einen Religionsunterricht, der dazu beiträgt, nichtchristliche Religionen besser zu verstehen und aus ihrer Tradition zu lernen. Deshalb braucht er eine Kirche und eine Theologie, die den Respekt vor der Religion anderer fördern, die die humanen Werte anderer Religionen anerkennen und die aus der gemeinsamen Verantwortung für die Zukunft das Gespräch mit diesen Religionen suchen*«.[54] Im Speziellen treten die Autoren dafür ein, das eigene Selbstverständnis der Religionen (ihre »*Innensicht*«) kennenzulernen, ihre ethischen, kulturellen und spirituellen *Reichtümer* zu entdecken, »*Verwandtes und Trennendes*« zu unterscheiden, um dadurch – frei von Berührungsängsten – andere Lebensformen zu achten.[55]

Vom *strukturgenetischen Ansatz* hat die Religionspädagogik jüngst zur Kenntnis genommen, daß ein Hauptziel religiöser Erziehung in der Entwicklung des ethischen und religiösen Bewußtseins besteht. Dahinter stehen entwicklungspsychologische Forschungsergebnisse des Genfer Kinderpsychologen *Jean Piaget* und Erkenntnisse amerikanischer Psychologen kognitionspsychologischer Provenienz (z.B. *Lawrence Kohlberg*). Für das interreligiöse Lernen verheißungsvoll ist die freilich erst teilweise bestätigte Hypothese von einer kultur-invarianten, gestuften und irreversiblen Entwicklung der Person im ethisch-moralischen und im religiösen Bereich. Ob und wie weit jeder Mensch von konventionellen zu post-konventionellen, autonomen Urteilen und Handlungen voranschreitet, bleibt vorerst ebenso nachzuweisen wie die Existenz universeller angeborener Strukturen, deren Aufdeckung für die großen Weltreligionen allerdings sensationell wäre.

Schließlich sei der Ansatz einer *anamnetischen, gedächtnisgeleiteten Religionspädagogik* mit dem Motiv der Erinnerung erwähnt.[56] Er greift den Grundgedanken der *gefährlichen Erinnerung* von *Johann Baptist Metz* auf, der beunruhigt und aufrüttelt, aber auch neue Kraft schöpfen läßt.[57] Erinnerungen werden besonders durch Erzählen und Feiern vergegenwärtigt und wachgehalten. Sie motivieren zum Durchhalten in der Anfechtung und können Lernprozesse anstoßen, welche Vergangenheit, Gegenwart und Zukunft einbeziehen. Als Beispiel aus der jüdischen Tradition sei die Feier des Pesachmahles genannt, als Beispiel aus der christlichen Tradition die memoria passionis et resurrectionis in der Eucharistie. Die Juden gedenken des hastigen Essens vor der Befreiung aus der Gefangenschaft in Ägypten, während für die Christen das Gedächtnis des Todes und der Auferstehung anfanghafte Teilnahme am Heil und zugleich »Wegzehrung« bedeutet. Eine anamnetische Religionspädagogik intendiert eine Kultur des Erinnerns; nicht eine Verklärung vergangener Idylle, sondern Impulse aus erinnerter Geschichte für das Jetzt und das Morgen.

Dieser anamnetische Ansatz ist für das interreligiöse Lernen insofern bedeutungsvoll, als in jeder Religion Ausschau gehalten werden kann nach den *»gefährlichen Erinnerungen«:* nach den Geschichten über die Ursprünge, nach den Legenden über Gründerpersonen, kapitale Ereignisse usw. Im Judentum und auch für den christlichen Unterricht werden zweifellos die Ereignisse der Schoah wachgehalten werden müssen, im Buddhismus die Legenden von Buddhas Auszug von zu Hause und seine Begegnungen mit einem alten, einem kranken und einem verstorbenen Menschen. Gefährliche Erinnerungen können Korrekturen einleiten und zukunftswirksam werden.

2.3 Lernen angesichts von Fremdheit und mit Fremden

Das Projekt einer Didaktik der Religionen verlangt zunächst Rechenschaft von der ernsthaften existentiellen Herausforderung durch die Fremden. Gehört nicht die Einübung in den angstfreien Umgang mit fremden Menschen und mit Fremdheit überhaupt zu den schwierigeren Aufgaben der heutigen Zeit? Wie wären sonst die häufigen gewaltsamen Übergriffe auf die Fremden mitten unter uns zu erklären? – Bevor also Haupt- und Detailfragen der Weltreligionen angegangen werden können, tut Besinnung auf unsere Erfahrungen des Fremdseins, ebenso auf die Einstellung der jüdisch-christlichen Tradition gegenüber den Fremden, not, um dann zu religionspädagogischen Zielrichtungen vorzudringen.

Zu Recht hat *Erich Feifel* darauf hingewiesen, daß die Erfahrungsorientierung der *gegenwärtigen Didaktik* in dem Sinne einer *Erweiterung* bedarf, als sie nicht bloß auf das bereits Bekannte und Vertraute, auf das Heimat und Sicherheit Vermittelnde aus ist, sondern ebenso auf das Fremde, Andersartige und Überraschende. Aus dem Glauben gedeutete Erfahrungen können, ja müssen stets wieder zu neuen Horizonten aufbrechen lassen (Exoduserfahrungen); sie werden immer neu zur Umkehr verhelfen (Erfahrungen der Metanoia), Anstöße zu Innovationen geben und unser Gastsein auf Erden in Erinnerung rufen.

Fremdheit erfahren entspricht dem Gefühl des Unvertrauten und bedeutet, etwas Andersartigem, das sich vorerst nicht einordnen läßt, gegenüberzustehen. Auf fremde Personen reagieren deshalb viele irritiert,[58] geben dem Fluchtreflex nach, oder sie sind fasziniert vom Exotischen. Fremdheit und fremde Menschen verunsichern, weil der Ausgang der Begegnung mit ihnen (bzw. die Auseinandersetzung mit ihnen) ungewiß ist. Unbekannte und anders aussehende Personen können Angst auslösen, insofern sie als Bedrohung (z.B. des eigenen Arbeitsplatzes) wahrgenommen werden. Die Angst kann sich in Haß umwandeln und zur Aggression steigern. Fremdheit und fremde Menschen bringen in der Regel eine *Unterbrechung* in unser Denken, Fühlen und Handeln. Dies kann sehr heilsam sein und neue Lebenschancen eröffnen. Es kann auch einengend wirken, wenn es nicht gelingt, den Sprung über den eigenen Schatten zu wagen.

Wenn es zutrifft, daß *Deutschland* keine wirkliche Tradition der Gastfreundschaft kennt, dann wird auch begreiflich, weshalb sich viele mit den Fremden schwer tun. Im Unterschied dazu hätte eigentlich die viersprachige und multikulturelle *Schweiz*, das Land Henri Dunants (1828 – 1910), des Gründers des Internationalen Roten Kreuzes, bereits im eigenen Land Gelegenheit, Schranken umzustürzen. Faktisch aber existieren die vier Sprachen und Kulturen nebeneinander – ohne intensive Kontakte untereinander. Das 700jährige Jubiläum der Eidgenossenschaft (1991) stand aus dieser Defiziterfahrung heraus im Zeichen der Begegnung; die gesamtschweizerische Basis allerdings wurde in den vielen Veranstaltungen kaum erreicht. Diese demonstrierte in den jüngsten Volksabstimmungen (zu EWR, Alpentransit und UNO-Blauhelmen) die seit dem Krieg bekannte, aber heute nachdenklich stimmende Tendenz der Abschottung.

Die *jüdisch-christliche Glaubensgeschichte*, die freilich im vorderen Orient ihren Ursprung nahm, kennt indessen eine lebendige Traditon gelebter Gastfreundschaft. Sie kommt etwa im Wort zum Ausdruck, »*Fremde und Obdachlose aufzunehmen*« (vgl. Jes 58, 7b und Mt 25,35) und bildet innerhalb der »*Werke der Barmherzigkeit*« einen Eckstein in der Katechismusgeschichte. Jesus und die heilige Familie mußten die Erfahrung des Fremdseins wiederholt machen, und Paulus schildert das neue Sein in Christus als Gastsein auf dieser Erde, während die eigentliche Heimat im Himmel ist (Phil 3,20).[59] Im Buch Leviticus steht auch das Gebot, »*den Fremden zu lieben wie sich selbst«* (vgl. Lev 19,34). In eindrücklicher Weise pflegen Frauen- und Männerordensgemeinschaften bis heute einen ausgesprochen gastfreundlichen Umgang mit Fremden. Die Benediktinerinnen und Benedediktiner beispielsweise erkennen im Gast Jesus Christus[60] und bemühen sich, ihm wie Christus zu begegnen.

Im heutigen westeuropäischen Alltag mit seiner Hektik bedeuten Fremde eine Störung. Ihnen aus dem Weg zu gehen, ist häufig die erste unwillkürliche Reaktion. Dabei kann man mit Fremden wertvolle Erfahrungen machen und von ihnen lernen. Die Wendung *»In der Kirche gibt es keine Fremde«* sollte in ihrer tiefen Wahrheit stärker beachtet werden.

Versuchen wir nun, *religionspädagogische Ziele* aufzustellen, die einen gelingenden Umgang mit fremden Personen vorbereiten und die zu einer kreativen Überwindung der Angst vor Fremden beitragen:

- Eigene Erfahrungen des Fremdseins in Erinnerung rufen;
- Gefühle des Fremdseins nachvollziehen und verbalisieren;
- Sich der fremden, nicht integrierten Anteile in der eigenen Person bewußt werden;
- Sich von einem ichbezogenen Denken lösen und in die Situation von verschiedenen Fremden einfühlen;
- Das Faszinierende von Fremden wahrnehmen;
- Mögliche Varianten von Reaktionen gegenüber Fremden durchspielen und mit jenen der jüdisch-christlichen Tradition vergleichen;
- Über das Gast-Sein auf dieser Welt in den verschiedenen Religionen nachdenken;
- Eine Grundhaltung der Offenheit gegenüber Fremden einüben.

Vermutlich läßt sich die persönliche Einstellung gegenüber den Fremden nur durch Erfahrung erweitern und korrigieren. Das eigene Schneckenhaus zu verlassen, sich vorurteilsfrei

Menschen auszusetzen, ihnen mit einer »*attitude of welcoming acceptance and interest in another culture*« (Wilson) zu begegnen, all das kann auch bewußt gefördert werden. In beispielhafter Weise hat sich die bekannte Ärztin und Ordensfrau *Ruth Pfau*[61] im Jahre 1960 in Pakistan den Fremden ausgesetzt. Furchtlos ging sie in ein Land mit vorwiegend muslimischer Bevölkerung. Sie hielt dem anfänglich Ungewohnten und Bedrohlichen stand, ließ sich mit den Urteilen und Vorurteilen von muslimischer Seite gegenüber den Christen konfrontieren, bis allmählich das Vertrauen wuchs und eine ersprießliche Zusammenarbeit im Kampf gegen die Leprakrankheit möglich wurde.

2.4 Philosophie des Anderen – *Emmanuel Lévinas*

Eine Didaktik der Religionen kann in einem weiteren Schritt Gedanken des jüdischen Philosophen *Emmanuel Lévinas*[62] (geboren 1905 in Kaunas/Litauen) aufnehmen und für das interreligiöse Gespräch fruchtbar machen. Sowohl mit der hebräischen Bibel und der talmudischen Tradition und Frömmigkeit als auch mit der russischen Literatur (z.b. von Dostojewski) vertraut, studierte *Lévinas* 1927/28 in Freiburg i. Br. Philosophie bei Edmund Husserl (1859 – 1938), dem Begründer der Phänomenologie, und bei Martin Heidegger (1889 – 1976). Im Zweiten Weltkrieg wurde er zum Militärdienst eingezogen und kam 1941 – 1945 in deutsche Gefangenschaft auf der Lüneburger Heide. Er leitete dann das israelitische Lehrerseminar in Paris, habilitierte sich 1961 mit dem Werk »Totalité et infini« und wurde 1962 Professor für Philosophie an der Sorbonne in Paris. In der Schrift »Autrement qu'être ou au-delà de l'essence« (1974) revidierte er seine gegenüber der Phänomenologie bereits kritische Position ein weiteres Mal.

Aufgrund seiner Herkunft, Bildung und der leidvollen Kriegserfahrungen kritisierte *Lévinas* das neuzeitliche Denken mit dem Anspruch des Subjekts auf absolute Freiheit, Autonomie und unbegrenzte Selbstverwirklichung. Nicht länger wollte er die Überbewertung der Vernunft dulden und trat deshalb für den *Primat der Ethik* ein. Die Ethik, welche in der Verantwortung für den Anfruf des Andern gründet, sollte die erste Philosophie (prima philosophia) sein.

Subjektivität, Innerlichkeit und Bewußtsein sind für ihn keine letzten Gegebenheiten, denn sie verdanken sich allein der Begegnung mit dem Andern.[63] So überschreitet *Lévinas* die Phänomenologie, die er als Egologie kritisiert, auf eine *Philosophie des Anderen* bzw. eine Philosophie der interpersonalen Verantwortung hin.

Der andere ist für ihn weder Gebrauchsobjekt noch ein bloßes Steinchen in einem Mosaik, sondern er ist einzig, durch sich selbst, nicht systembezogen, vielmehr »*Ausdruck und unabhängige Quelle des Sinnes*«[64], letztlich ein Geheimnis (secret).

Erfahrbar wird der Andere über das *Antlitz* (le visage), das trifft und einfordert. Im Antlitz zeigt er sich in seiner Armut und Unbeholfenheit, ja, eigentlich als Waise, entblößt, nackt und allem ausgeliefert, selbst dem Tod. Gleichzeitig ergeht über das Antlitz der Imperativ: »*Du sollst mich nicht töten*« und »*Du sollst mich in meinem Sterben nicht alleine lassen.*«[65] Im Antlitz findet eine Erscheinung (*Epiphanie*) statt. Von ihr geht ein wehrloser Widerstand gegen die Tendenz des Ich aus, den Anderen zu überwältigen.

Anstelle der Autonomie des Subjekts sagt *Lévinas*, daß der Andere und besonders seine Not uns in die *Verantwortung* rufen. Verantwortung entsteht in der Beziehung zum Anderen; sie ist für den jüdischen Denker eine Erwählung, ein Erstgeburtsrecht. Verantwortung ist absichtslose, zweckfreie Liebe des Andern, die sich nicht um ihr eigenes Geliebtwerden sorgt, dafür den Andern höher einschätzt als sich selbst. *Lévinas* setzt der Erfahrung des 20. Jahrhunderts von der »*Eschatologie ohne Hoffnung*« die Barmherzigkeit (miséricorde) und das Einstehen für das Leiden des Anderen entgegen.[66] Hat sich der Wille zur Selbstbestimmung als Ursache für Macht und Gewalt herausgestellt, so läßt ihn die Verantwortung nicht indifferent, sondern teilnehmend, sym-pathisch, mitleidend.

Damit lassen sich drei Erträge aus dem Gedankengut von *Emmanuel Lévinas* für eine Didaktik der Religionen formulieren:
- Philosophische Grundlegungen sind für ein interreligöses, dialogisches Lernen wertvoll, weil sie klärende Funktion haben und Metakommunikation über die verschiedenen Religionen ermöglichen.
- *Lévinas'* Primat der Ethik macht sensibel für den Anruf des Nächsten. Er weist auf die Verantwortung hin und argumentiert für eine elementar ästimierende Haltung gegenüber dem Anderen.
- Die Philosphie von *Lévinas* weist über das offenbarende und einfordernde Antlitz des Anderen hin auf seine wesenhafte Andersheit und Fremdheit, letzlich auf den Geheimnischarakter des Menschen.

2.5 Für eine »Kultur der Anerkennung« – Johann Baptist Metz

Ein weiterer Schritt im interreligiösen Lernprozeß geschieht in der vorbehaltlosen Anerkennung der Menschen fremder Religionen. Sie sind als echtes Gegenüber ernst zu nehmen. Aus der Sicht des gemeinsamen Schöpfungsglaubens darf jede Person als origineller Einfall Gottes betrachtet werden, dem eine unveräußerbare Würde zukommt.

Falsch wäre, wenn die Vertreter der Weltreligionen als Objekte der Missionierung mißverstanden, wenn sie vereinnahmt oder zu eigenen Zwecken in Dienst genommen würden. Mit Nachdruck muß betont werden, daß sie zunächst und vor allem absichtslose Wertschätzung verdienen. Es geht um eine Grundhaltung der Achtung, des Willkommenheißens und der Sympathie, mit einem Wort von *Johann Baptist Metz*, um eine »Kultur der Anerkennung«.[67] Noch mehr, *Metz* tritt für eine *Kultur der Anerkennung der andern in ihrem Anderssein* ein. Er fordert die Kirche auf, eine Option für die anderen zu treffen, denn seines Erachtens weist im Herzen des christlichen Europas der Begriff Auschwitz darauf hin, daß diese Kultur der Anerkennung des andern völlig erloschen war. Im Kontrast dazu hat das Zweite Vatikanische Konzil »mit Hochachtung« (Nostra aetate, Nr.3) von den Muslimen gesprochen. Eine Hochachtung anderer Menschen setzt allerdings voraus, daß man sich selbst achtet, annimmt und liebt. Selbstwahrnehmung und eigene Wertschätzung ermöglichen erst die Anerkennung anderer als Personen.[68]

2.6 »Alles wirkliche Leben ist Begegnung« – *Martin Buber*

Die Hauptform interreligiösen Lernens besteht ohne Zweifel im lebendigen Gespräch zwischen Angehörigen verschiedener Religionen. Im Dialog wird das gegenseitige Fremdsein aufgebrochen; hier lassen sich Fremde durch das »Antlitz des Andern« betreffen; hier können sie sich gegenseitig anerkennen und untereinander Erfahrungen austauschen.

Der Religionsphilosoph *Martin Buber* (1878 – 1965) hat in seiner Dialogik, die er nach dem Ersten Weltkrieg entwickelte, den Menschen als Beziehungswesen charakterisiert. Diese Sicht gibt weitere Impulse für den interreligiösen Gesprächsvorgang. Geprägt vom biblischen Denken, von der Frömmigkeit im Chassidismus und von der spätmittelalterlichen Mystik, entwarf *Buber* ein neues Menschenbild in Kontrast zum Ich-an-sich des deutschen Idealismus. Die unmittelbare, ganzheitliche Beziehung konstituiert für ihn das menschliche Dasein als *Mitsein*. Nach *Buber* lebt der Mensch a priori in einer dreifachen Beziehung: in der Beziehung zur Welt und den Dingen, in Beziehung zu den Mitmenschen und in Beziehung zu Gott als dem ewigen Du.

Gelingt es ihm nicht, mit anderen Menschen in Kontakt zu treten, mit ihnen zu kommunizieren und lebendige Beziehungen aufzubauen, droht ihm die Gefahr der Verkümmerung. Gelingt es ihm aber, so wird sein Leben erst wesentlich, erhält es Tiefgang und Reichtum. Die Begegnung ist für *Buber* die »*Urkategorie der menschlichen Wirklichkeit*«.[69] Er hat dafür das bekannte Grundwort »*Ich – Du*« geprägt. Gemäß seinem Glauben geschieht in der Ich-Du-Beziehung Erwähltwerden und Erwählung.

Der *Gesprächsvorgang* weist nach *Buber* eine doppelte Bewegung auf: zunächst eine Distanzierung, dann ein »*In-Beziehung-Treten*«. Erst aus der *Distanzierung* heraus steht es den

Menschen wieder zu, in Beziehung zu treten. Damit wird deutlich, daß ein Dialog nicht auf Vereinigung oder gar Verschmelzung tendiert, sondern auf ein gegenseitiges Ernstnehmen und Sich-Respektieren. Die Partner nehmen sich zurück, um wieder neu aufeinander zuzugehen. So zeigen sie Respekt vor der Andersheit der oder des andern und bejahen deren oder dessen Originalität.

Aus dieser Doppelbewegung der Distanzierung und des In-Beziehung-Tretens gewinnt die Begegung ihre *Dynamik*. Sie wird ein abwechslungsweises Sprechen und Hören, ein Verstehen und Antworten, somit ein ständiges Geben und Empfangen, ein Schenken und Beschenktwerden. Echter Dialog ist folglich gekennzeichnet durch *Mutualität* (Gegenseitigkeit) und darf keine Einbahnkommunikation bleiben.

Für den Mystiker *Martin Buber* ist jede Begegnung auf die Wirklichkeit Gottes hin offen. Gott kann freilich nicht gesucht werden, denn er ist überall; doch kann er entdeckt werden, gerade in der Begegnung. Das Wesentliche einer Begegnung liegt offenbar in der Entdeckung Gottes. Jedes Beziehungsereignis ist eine Station und bietet die Gelegenheit, dem ewigen Du zu begegnen und so eine Gotteserfahrung zu machen.

Aus *Martin Bubers* philosophischer Druchdringung des Dialogs sind folgende Gedanken für das Lernen zwischen den Religionen bedeutsam:

– Der Dialog ist etwas zutiefst Menschliches, und jede Person ist daraufhin angelegt. In der Begegnung und im Gespräch mit andern kommt die Ursehnsucht des Menschen nach Anerkennung und Bejahung zur Erfüllung.

– Interreligiöse Gespräche lassen sich zwar planen und durchführen. Ob sie dabei zu echten Begegnungen werden, hängt aber einerseits von der Dynamik und Mutualität des Dialoges ab, andererseits bleibt gerade das Wesentliche unverfügbares Geschenk.

– Gespräche zwischen Vertreterinnen und Vertretern verschiedener Religionen sind deshalb privilegierte Lernorte im Leben und Glauben, weil die Gesprächserfahrungen die Teilnehmenden verändern und sie sich selbst – über den Umweg des Kennenlernens und Verstehens anderer – besser und tiefer begreifen lernen.

– Wichtig für das interreligiöse Lernen ist *Bubers* Dialogauffassung insofern, als in jeder Begegnung die unmittelbare Wirklichkeit transzendiert und zu einer *Gotteserfahrung* werden kann. Daß Gott im Gespräch mit Andersgläubigen erfahrbar ist, stellt einen markanten Lerngewinn aus *Bubers* dialogischem Denken dar.

– Schließlich ist auch ohne direkten Bezug auf *Bubers* Schrifttum und aufgrund von Schulerfahrung darauf hinzuweisen, daß Schülerinnen und Schüler durch direkte Begegnungen nachhaltiger geprägt werden und mehr Vorurteile abbauen als durch Lektüre, Fernsehen und ein durch Lehrpersonen vermitteltes Wissen. Gerade hier trifft *Bubers* Aussage zu: *»Alles wirkliche Leben ist Begegnung«*.

2.7 Rangordnung der Glaubenswahrheiten und »Dialog des Lebens«

Um den Dialog zu gestalten, hat wiederum das Zweite Vatikanische Konzil eine hilfreiche Basis geliefert. Im Dekret über den Ökumenismus (Unitatis redintegratio) legte es theologische *Dialogregeln* fest, die von *Karl Rahner* weitergedacht wurden und die teilweise auch für das interreligiöse Gespräch Geltung erlangen können. Für dieses letztere brachte Johannes Paul II. in der Enzyklika »Redemptoris missio« (1990) das

Stichwort »Dialog des Lebens« (Nr. 57) ein, wodurch das gesprochene Wort durch die ebenso bedeutungsvolle alltägliche Lebensgemeinschaft ergänzt wurde.

Nach Jahrhunderten der Glaubenskämpfe und der gegenseitigen Abgrenzung ist im Dokument »Unitatis redintegratio« wohltuend, ein die Einheit betreffendes Schuldbekenntnis[70] und Umkehrbereitschaft katholischerseits zu vernehmen, dazu die Aussage, daß *»auch außerhalb der sichtbaren Grenzen der katholischen Kirche«* *»viele und bedeutende Elemente und Güter«* existieren, welche die Kirche aufbauen können: *»das geschriebene Wort Gottes, das Leben der Gnade, Glaube, Hoffnung und Liebe«* (Unitatis redintegratio, Nr. 3). *»Die Zeichen der Zeit erkennend«*, soll die katholische Kirche *»mit Eifer am ökumenischen Werk teilnehmen«* *(ebd., Nr. 4), wobei folgende Leitlinien zu beachten sind:*

a) keinem falschen Irenismus verfallen;

b) eine beiderseits verständliche Sprache sprechen;

c) den Dialog in den Grundhaltungen der Wahrheitsliebe, Liebe und Demut führen und

d) erkennen, daß es *»eine Rangordnung oder ›Hierachie‹ der Wahrheiten innerhalb der katholischen Lehre gibt, je nach der verschiedenen Art ihres Zusammenhangs mit dem Fundament des christlichen Glaubens«* (ebd., Nr. 11).

Im Hinblick auf das Fernziel der kirchlichen Einheit stehen demzufolge nicht alle Glaubensaussagen auf derselben Stufe. Ihre Bedeutung bemißt sich vielmehr an ihrer Nähe zum Fundament des Glaubens.

Karl Rahner hat die religionsdidaktisch wichtige Unterscheidung von objektiver und existentieller Rangordnung der Wahrheiten eingeführt, je nachdem nämlich, ob Glaubensaussagen auch individuelle und biographische Relevanz erlangen.[71]

Sowohl die objektive als auch die existentielle Hierarchie der Wahrheiten sind für den interreligiösen Dialog weitreichende Hilfen.[72] Die objektive Hierarchie der Wahrheiten scheint bereits im »*Dekret über das Verhältnis der Kirche zu den nichtchristlichen Religionen*« Anwendung gefunden zu haben, weil die Weltreligionen Judentum, Islam, Hinduismus und Buddhismus in den Glaubensaussagen nach deren Wichtigkeit dargestellt wurden, angefangen bei der Gottesfrage.

Die existentielle Hierarchie der Wahrheiten ist für das interreligiöse Gespräch in Schule und Erwachsenenbildung insofern relevant, als damit von Fragen ausgegangen werden kann, welche die Teilnehmerinnen und Teilnehmer interessieren. Zudem können diese ein Gespür dafür erlangen, welches Gewicht einzelne Aspekte des Glaubens haben und wie sie einzuordnen sind. Auch hier sind Nebensächlichkeiten oder Äußerlichkeiten mit den Glaubensfundamenten in Zusammenhang zu bringen.

Ferner hat eine Didaktik der Religionen zu beachten, daß für Schülerinnen und Schüler der »*Dialog des Lebens*«, also das alltägliche Zusammenleben verschiedener Religionen und das Bezeugen menschlicher und religiöser Werte, prägender sein kann, als der »*Dialog der Worte*«. Gerade Jugendliche erblicken Wahrheit eher in der Praxis des Lebens als in Glaubensaussagen.

2.8 Impulse für interreligiösen Religionsunterricht

Die aufgewiesene Notwendigkeit (1. Kapitel) und die konturierte Didaktik (2.1 – 2.7) eines Begegnungslernens von Angehörigen verschiedener Religionen sollen nicht ohne Folgerungen für den schulischen Religionsunterricht bleiben, selbst wenn dieser vorerst die Anbindung an die Kirchen, wie sie im Grundgesetz (Artikel 7,3) verankert ist, beibehält. Im Kontext einer

»Schule für alle« bietet der Religionsunterricht ein *Forum zum gemeinsamen Lernen von Lehrern und Schülern.* Er muß die Chancen wahrnehmen, um miteinander über Fragen des Lebens, des Glaubens und der Religion(en) zu sprechen, Erfahrungen auszutauschen und Perspektiven für eine gelingende Zukunft auf religiöser Basis zu eröffnen. Kurz, es geht um mehr *Offenheit und Flexibilität des bisher* konvergent, also von Schule, Fachwissenschaft und Kirchen, verantworteten Unterrichtes. Die *neue Farbe,* die durch die Anwesenheit von Nichtchristen dazukommt, sollte zu mehr Nachdenklichkeit und zu kreativer Kooperation genutzt werden, ohne allerdings jemand zu vereinnahmen. Deshalb ist interreligiöser Religionsunterricht mit vorheriger Absprache und im Einverständnis mit den Erziehungsverantwortlichen zu gestalten. (Bei Muslimen sind Absprachen mit den Eltern bzw. den Erziehungsverantwortlichen zu treffen, gegebenenfalls mit den Imamen der Koranschulen und den Lehrern für islamischen Religionsunterricht.)

In diesem Zusammenhang ist daran zu erinnern, daß seit Jahren interkonfessionell-kooperativer Religionsunterricht stattfindet, nämlich anläßlich der Einschulung und Gemeinschaftswerdung der Erstkläßler, dann auch in Sonderschulen und weitgehend in berufsbildenden Schulen. Auf evangelischer Seite wird seit längerer Zeit die Aufhebung der konfessionellen Schranken gefordert, und auf katholischer Seite gewinnt dieses Postulat immer mehr an Bedeutung, vor allem seit der Wiedervereinigung Deutschlands und seit der manifest werdenden Entfremdung der christlichen Schülerinnen und Schüler von ihren Gemeinden.

Interreligiöser Religionsunterricht, dessen Organisation freilich noch vor Ort und vor dem Gesetz abzuklären ist, verhindert, daß Nichtchristen Fremde bleiben. Er ist ein Schritt in Richtung auf eine bessere Integration aller. Er kann das Gemeinsame und für das Leben Tragende von Religion aufweisen und dem drohenden Sinnvakuum in der westlichen Zivilisation entgegenarbeiten.

Folgende didaktisch-organisatorischen Modelle sind zu überlegen:

– Interreligiöses Lernen *im Klassenverband*: Alle Schülerinnen und Schüler, also auch Muslime und Konfessionslose, beteiligen sich am Untericht, der von einem oder mehreren Lehrkräften koordiniert wird. Ausgangspunkt bildeten die zahlreichen Variationen der Sinnfrage. Im Unterricht können die Antworten der verschiedenen Religionen exemplarisch behandelt werden. Religion als gemeinsamer Nenner soll die Schüler herausfordern.

– Interreligiöses Lernen im *fächerübergreifenden Projektunterricht* mit mehreren Wahlmöglichkeiten: Hier bearbeiten interessierte Schülerinnen und Schüler zusammen mit einem oder mehreren Fachlehrern oder Fachlehrerinnen(z.b. Religionslehrer und Geschichtslehrerin) ein Spezialthema aus dem Bereich der Religion. Planung, Durchführung und Reflexion erfordert die Beteiligung aller. Zur Projektorientierung könnte das produktorientierte Lernen (z.b. mit einer Ausstellung, einer Radiosendung, einem Zeitungsartikel) hinzukommen.

– Interreligiöses Lernen im Intervall von *Gemeinschafts- und Gruppenunterricht*: Die Gruppen werden unabhängig von ihrer Religion nach Schülerneigung zusammengesetzt und können ein Unterthema selbständig erarbeiten, um die Ergebnisse dann im Plenum zur Diskussion zu stellen.

– Interreligiöses Lernen durch *Expertengespräche*: Hier lädt die Schule außenstehende Expertinnen oder Experten aus verschiedenen Religionen zum Gespräch ein. Kurzvorträge, Begegnungen und Befragungen erweitern den Horizont der Schüler.

– Weiter geschieht interreligiöses Lernen durch *Unternehmungen* mit religiösen Dimensionen: Besuch einer Synagoge, Kirche und Moschee, Klassenfahrten an bestimmte Orte usw.

Die Impulse für interreligiöses Lernen könnten leicht weitergeführt werden. Entscheidend dabei ist, daß die lokalen Gegebenheiten ausgenützt werden und allen Beteiligten das Angebot gemacht wird, das eigene Leben zu vertiefen und vermehrt zu fundamentieren.

2.9 Grenzen und Preis interreligiösen Lernens

Nehmen wir vorab zwei Berichte von Ausländerjungen (Tonio und Ferik) zur Kenntnis:

Tonio erzählt:
»Ich erzähle euch ein wenig von meinem Leben. Also, es ist ein bißchen kompliziert. Mein Vater kommt aus Guatemala. Meine Mutter kommt aus Nordamerika, und dort haben wir länger gelebt. Darum kann ich natürlich sehr gut Englisch. Dann haben sich meine Eltern getrennt, das war nicht so gut. Aber jetzt hat meine Mutter wieder geheiratet, meinen Stiefvater. Und so sind meine Mutter, meine Schwester und ich nach Zürich gekommen. Ah, und zwei Lehrerinnen habe ich auch. Manchmal sind sie ja ganz nett. Aber manchmal verstehe ich nicht, was und warum sie alles von mir wollen: schneller arbeiten, immer alle Hausaufgaben machen, die Blätter nicht verschmieren, pünktlich in der Schule sein, immer aufpassen, nie mit den Gedanken spazieren gehen... Das hält kein Junge von zwölf Jahren aus, denke ich. Ich bin ein bißchen im Clinch mit der Zeit. Ich weiß nie, wo sie hingeht. Ich weiß nur, daß es immer zu spät ist. Ich denke über so vieles nach.«[73]

Ferik erzählt:

»*Letzte Woche hat für uns der Monat Ramadan angefangen. Das heißt, wir essen und trinken nichts, wenn es noch Tag ist. Wir essen und trinken erst in der Nacht. Ich möchte den ganzen Monat fasten. Also, der Ramadan ist der Monat, der für die Muslime der wichtigste ist, vielleicht wie für die Christen die Weihnachtszeit. Wir essen und trinken nicht am Tag, damit wir Allah zeigen, daß wir an ihn denken. Wenn wir am Tag nichts essen und nichts trinken, denken wir auch an alle Menschen, die nicht genug zu essen und zu trinken haben. Dafür feiern wir am letzten Tag des Ramadan, am Bajram, ein großes Fest. Meine Mutter kocht einen großen Topf Ashore. Und dann gehen wir das Essen verteilen, an alle Freunde und Bekannten. Bajram heißt ›die Nacht aller Nächte‹. Man sagt, dann hat Mohammed von Allah den Koran diktiert bekommen. Wir gehen am Bajram auch in die Moschee beten, alle, alle, alle. In unserer Klasse fasten viele Kinder: Gazmend, Mubashar, Shazia, Nadeem und ich. Wir schwimmen auch nicht, weil wir dabei Wasser schlucken könnten. Das sollen wir ja nicht! Etwas Gutes hat der Ramadan. Wir putzen die Zähne am Tag nicht, weil wir dabei auch Wasser trinken könnten. Mubashar sagt, das macht nichts, wenn wir es vergessen und uns nachher bei Allah entschuldigen. Mit Kindern ist Allah sehr lieb.*

Aber ich denke, er ist auch mit den Großen nicht böse, denn für Allah ist sicher auch ein Mensch mit 90 Jahren noch ein Kind. Also muß man sich einfach entschuldigen, wenn man es nicht extra gemacht hat. Und dann ist es wieder gut. Ich mache so gut mit in der Schule, wie ich kann. Und wenn es nicht mehr geht, dann sage ich Allah: ›Hilf mir rechnen, ich bin ein bißchen müde.‹ Und wenn es gar nicht mehr geht, dann esse ich eben etwas.«[74]

Die beiden Berichte von *Ausländerkindern* in der Schweiz bilden den Auftakt für die weiteren Überlegungen: Tonio hat offensichtlich mit interkulturellen Differenzen wie Schulatmosphäre, Lerntempo und Konzentration zu kämpfen, während Ferik zwar gut im Islam beheimatet zu sein scheint, eine solide, nicht rigide religiöse Praxis übt, aber vermutlich bei nichtmuslimischen Mitschülern und Lehrern bisweilen auf Unverständnis stößt. Man kann sich gut vorstellen, wie fremd sich beide in Schweizer Schulen vorkommen und welch hohe Anforderungen das tägliche Leben an sie stellt.

Für die *Erwachsenen* dürften die Schwierigkeiten nicht geringer sein. Als Minderheit in fremden Ländern zu leben, angewiesen auf den goodwill der Gastgeber, oft ohne Arbeit und Erwerb, dazu eine Religion zu praktizieren, die vielen fremd ist, die Angst auslöst und mit Vorurteilen behaftet ist, all das bereitet Probleme und offenbart die *Grenzen* interreligiösen Lernens.

Es gibt Grenzen, wenn es darum geht, fremde Lebensformen, Denkmuster und Handlungsweisen zu verstehen und einzuordnen. Vielen wird beispielsweise die Verständigung mit Buddhisten schwer fallen, weil neben sprachlichen und kulturellen Differenzen auch andere religiöse Schwerpunkte und unterschiedliche Grundorientierungen gegeben sind.

Es gibt ferner Grenzen interreligiösen Lernens als *Folgen unverheilter Wunden und Narben aus der Geschichte*. Dies gilt für vergangene Eroberungsfeldzüge von Christen und Muslimen, vor allem aber für die entsetzliche Schoa der Juden. Daß aufgrund dieser Ereignisse Vorbehalte gegenüber anderen Religionen fortbestehen und sich deshalb weder Juden noch Muslime beeilen, von Christen zu lernen, ist verständlich und muß respektiert werden. Ein Zögern bei allzu nahen und verpflichtenden Begegnungen, auch ein voreiliges Aufdrängen von Partnerschaft kann dem guten Anliegen geradezu schaden. Aber im allgemeinen sind die Grenzen noch zu hoch angesetzt. – Die interreligiöse Verständigung ist erst in der Anfangsphase, und daß die Religionen voneinander lernen können, ist ein bis heute weitgehend unbekannter Gedanke. Freilich ist dabei zu berücksichtigen, daß es sich geschichtlich gesehen um neue Lernaufgaben aufgrund gewandelter soziologischer Strukturen handelt und daß die Bewältigung dieser Aufgaben Zeit, Kraft und Geduld braucht.

Falsch wäre die Erwartung, das *Ziel* interreligiösen Lernens wäre eine »*Einheitsreligion*« oder eine weltweite Verschwisterung im Sinne des Satzes »*Seid umschlungen Millionen*« aus der »*Ode an die Freude*« in der 9. Symphonie Ludwig van Beethovens. Es geht hier lediglich um ein so weit fortgeschrittenes gegenseitiges Verstehen, daß ein Zusammenleben Angehöriger verschiedener Herkunft, Kultur, Nation und Religion in Gerechtigkeit und Frieden möglich wird. Eine friedvolle Koexistenz ist dann am ehesten gegeben, wenn die einen die andern – bei allen Differenzen – respektieren. Natürlich sind auch Maßnahmen einer *interkulturellen Politik* zu treffen,[75] gewiß sind die Strukturen auf die neuen Gegebenheiten abzustimmen (Integration durch Partizipation!), doch können bereits von seiten der Kirchen und des Religionsunterrichtes verständigungsfördernde Lernprozesse zwischen den Religionen angestoßen und erprobt werden.[76]

Walter J. Hollenweger sieht mit *Hans-Jochen Margull* den *Preis des Dialogs* in der Verwundbarkeit der universalen Intention seiner Theologie. Wo immer sich Menschen ernsthaft dem Dilemma des Dialogs aussetzen, ist mit Verwundungen zu rechnen, »*weil er ins Herz unserer Glaubensüberzeugungen greift*«.[77] Nur verwundbare Menschen lassen sich treffen von der grundlegenden Unsicherheit des menschlichen Lebens, von sozialen und individuellen Nöten der Existenz; und diese Betroffenheit ist der Ort der Umkehr und des großen Zweifelns.

Soweit die Skizze einer interreligiösen Didaktik: Sie geht von der multikulturellen, religiös-pluralen, gesamtgesellschaftlichen Situation aus und lädt dazu ein, Begegnungs- und Dialogerfahrungen mit Angehörigen anderer Religionen aus dem Glauben heraus zu verstehen. Sie integriert neuere religionspädagogische Ansätze wie den symboldidaktischen und den kommunikativen, den strukturgenetischen und den gedächtnisgeleiteten (anamnetischen) Ansatz, um so über die bewährten Perspektiven und Lernwege hinaus neue zu entdecken, die einem friedlichen Zusammenleben in Gerechtigkeit dienlich sind. Zum diakonischen Verständnis des Religionsunterrichtes als uneigennütziger Dienst an Schülern und Gesellschaft erwägt sie einen *interreligiösen Religionsunterricht* unter Beteiligung mehrerer Religionen und in der didaktischen Form zeitlich begrenzter Projekte in einer Schule für alle. Zu den Grundaufgaben einer Didaktik der Religionen gehören das Lernen angesichts von und mit Fremden, die Anerkennung des andern in seiner Andersheit, die Einübung in den Dialog als Hauptform interreligiösen Lernens, welcher das Bewußtsein verändert, Gotteserfahrung ermöglicht und in gemeinsame Aktionen übergehen kann. Sie beachtet sowohl die objektive wie die existentielle Hierarchie der Wahrheiten und schätzt den *»Dialog des Lebens«* höher ein als den *»Dialog der Worte«.*

Nach diesen grundsätzlichen Überlegungen zu einer zukunftsfähigen Didaktik der Religionen sollen nun die drei heute brisanten Lernfelder Christentum – Judentum (*Kapitel 3*), Christentum – Islam (*Kapitel 4*) und Christentum – fernöstliche Religionen (*Kapitel 5*) bearbeitet werden. Besondere Berücksichtigung finden wiederum die früheren Beziehungen zwischen den römischen Katholiken und den Vertreterinnen und Vertretern der Weltreligionen, vor allem dann die wegweisenden Konzilsstellungnahmen. Die Absicht wird verfolgt, fundierte und möglichst konkrete Impulse für interreligiöse Lernprozesse in Schule, Religionsunterricht, Gemeinde und Erwachsenenbildung zu geben.

3. Lernprozeß Christen – Juden

Am 13. September 1993 hat der seit Jahren andauernde Nah-
ostkonflikt eine hoffnungsvolle Wende genommen. Der israelische Ministerpräsident Jitzhak Rabin und der Palästinen-
serführer Yasir Arafat trafen sich am 13. September 1993
vor dem Weißen Haus in Washington zur Unterzeichnung
des Interimsabkommens zwischen Israel und der PLO. Die
alte Feindschaft wurde begraben, ein Existenzrecht gegenseitig anerkannt und damit ein friedliches Zusammenleben
initiiert.

Dieses primär politische Abkommen bezeugt die Bereitschaft
von Völkern, das Kriegsbeil zu begraben, einander die Hände
zu reichen und die Koexistenz neu zu wagen. Selbst wenn für
die Friedensstifter neue Gegner – diesmal im eigenen Lager –
aufgetaucht sind, enthält das Abkommen zukunftsverheißen-
des Potential, auch im Hinblick auf das interreligiöse Gespräch, namentlich zwischen Juden, Muslimen und Christen.
Denn Friede zwischen den Völkern und Friede zwischen den
Religionen gehören zusammen, ja, sie bedingen sich wechsel-
seitig.[78]

Feindschaft, Verfolgung und Verketzerung bildeten jedoch
über Jahrhunderte die Grundhaltungen der Welt und auch
der Christen gegenüber den Juden. Selbst die Katechismen
der christlichen Kirchen strotzen von Verleumdungen und
Vorurteilen gegen das von Gott erwählte Volk. Es gehört

zu den tragischsten Fakten der Welt- und Kirchengeschichte, daß erst der Schock, den der Holocaust verursachte und der die ganze westliche Kultur – von der Literatur über die Philosphie und Religion bis hin zur Kunst – durchzuckte, eine fundamentale Sinnesänderung einleitete und den Lernprozeß zwischen Christen und Juden in Gang brachte.[79] Mit dem Stichwort »hermeneutische Funktion von Auschwitz«[80] bezeichnete *Franz Mussner* in seinem theologischen »Traktat über die Juden« (1979) das Faktum, daß erst dieses ungeheuerliche Verbrechen an den Jüdinnen und Juden im Zweiten Weltkrieg zur Selbstkritik an der überheblichen Abgrenzung führte und eine neue Sicht über das Judentum bewirkte. Inzwischen wurde diese Sicht im Religionsunterricht zu guten Teilen rezipiert, aber gesamtgesellschaftlich ist sie an ihre Grenzen gestoßen.

Zu Beginn der 90er Jahre steht Westeuropa wiederum erschrocken vor den Schandtaten auf jüdischen Friedhöfen, vor Schmierereien mit antijüdischen und faschistischen Parolen. Sind die Vorurteile, so muß man sich fragen, im Laufe des letzten halben Jahrhunderts noch nicht so weit abgebaut, daß wenigstens ein unbehelligtes Nebeneinander möglich geworden wäre?

Die Impulse für den christlich-jüdischen Dialog, welcher »die erste Dimension« interreligiösen Lernens ausmacht,[81] sollten dazu Hilfen geben, vorab für den Religionsunterricht, aber auch für Jugendarbeit und Erwachsenenbildung.

3.1 Das Bild von den Juden in der katholischen Verkündigung von Petrus Canisius bis zum Zweiten Vatikanischen Konzil

Die Geschichte der Religionspädagogik darf die Irrtümer, Vorurteile und unberechtigten Übergriffe auch von katholischer Seite nicht in Vergessenheit geraten lassen und wird deshalb die religiöse Erziehung der heutigen Jugend vor unnötigen Einseitigkeiten zu bewahren versuchen. – Für diesen historischen Teil werden einige repräsentative und einflußreiche katholische Lehrbücher herangezogen: Im 16. und 17. Jahrhundert nahm der Katechismus »Summa doctrinae christianae«[82] (1555) des Jesuiten *Petrus Canisius* eine Monopolstellung ein. Von Kaiser Ferdinand I. während des Trienter Konzils in Auftrag gegeben, enthält er nichts anderes als das damalige Glaubensgut, didaktisch aufgeschlüsselt in Fragen und Antworten. Die Juden werden dabei als Häretiker verstanden, die sich wie die Sekten außerhalb des Leibes Christi befinden und die es zu verabscheuen gilt. Auf die Eröffnungsfrage »Wer ist ein wahrer Christ?« antwortet Canisius: »Jener ist ein wahrer Christ, der die heilsame Lehre Christi, des wahren Gottes und Menschen, bekennt und alle Religionen und Sekten außerhalb der Lehre und der Kirche Christi, auch die jüdische und mohammedanische, als häretisch verurteilt und verabscheut«.[83] Weil die Juden Jesus Christus nicht als Retter, Messias und Sohn Gottes anerkennen, also den zweiten Credo-Artikel verwerfen, sind sie – mit Bezug auf Jesu Worte – »verdammt und schon gerichtet« (Mk 16,16; Joh 3,18).[84]

Der Gerechtigkeit halber sei hinzugefügt, daß weder Petrus Canisius noch der *Catechismus Romanus* (1566)[85] die Juden als Mörder Jesu bloßstellen. Vielmehr werden die Freiwilligkeit

Jesu bei seinem Leiden und Sterben – er hätte das Kreuz ausschlagen können – und die Mitschuld des Pontius Pilatus, der damals unter Kaiser Tiberius die Provinz Judäa verwaltete, betont. Der Römische Katechismus lehrt ferner, daß die sündigen Christen mehr Schuld am Tode Christi haben als die wenigen Juden, die dabei waren.[86] Aus dem 19. Jahrhundert sei der einflußreiche *»Lehrbegriff«* (1847) des Straßburger Jesuiten *Joseph Deharbe* erwähnt, der die heilsgeschichtlich konzipierten Lehrbücher aus der Zeit des theologischen Aufbruchs zu Beginn des 19. Jahrhunderts (von *Johann Michael Sailer* und *Johann Baptist Hirscher*) verdrängte und die Renaissance der Scholastik einläutete. Für den Autor ist der größte Teil der Juden »verstockt«[87] geblieben, was Gott mit der Zerstörung des Jerusalemer Tempels geahndet habe und sie so zu »lebendige(n) Zeugen des göttlichen Strafgerichtes« werden ließ, ja zu den »hartnäckigsten Gegnern unseres Glaubens«.[88] Bezeichnend für das damalige Denken ist ferner die Praxis, das Hauptgebot der Gottes-, Nächsten- und Selbstliebe mit den Synoptikern zu begründen (Lk 10,27), anstatt seine Wurzeln bis ins Alte Testament (Dtn 6,5; Lev 19,18) zurückzuverfolgen. Auch das Gebot der Feindesliebe (Lk 6,27) wird in Jesus verankert, als wäre er nicht – auch in diesem Punkt – dem Alten Testament verpflichtet gewesen. Überhaupt, das Neue Testament wird auf Kosten des Alten profiliert, ohne sein Eingebettetsein in das jüdische Denken und Handeln zu berücksichtigen.[89] Schwerwiegender ist der noch im 19. Jahrhundert aufrecht erhaltene Vorwurf, Gott habe seinen Bund mit dem auserwählten Volk Israel gelöst und die Juden im ganzen verworfen. Als Beispiel sei aus den »Religionsvorträgen« des Luzerner Professors *Josef Burkard Leu* »Gieb Rechenschaft von deinem Glauben« zitiert: *»So steht das jüdische Volk in der Weltgeschichte da als eine Ruine des aufgelösten alten Bundes und zugleich als ein lebendiges Denkmal der Verstoßung des Weltheilandes.«*[90] Es ist ein Beispiel für eine selektive Lektüre des paulinischen Römerbriefes.

Zusammenfassend kann festgehalten werden, daß den traditionellen katholischen Lehrbüchern die Einsicht in die Verwurzelung des Christentums im Judentum fehlte. Dieser Mangel wirkte sich besonders auf die Interpretation Jesu aus, dessen jüdische Herkunft und dessen alttestamentlich bedingte Verkündigung zu wenig Beachtung gefunden haben. Außerdem wird die Zerstreuung Israels als Folge der Schuld und als Bestrafung für *die »Blindheit«* gegenüber Jesus dem Christus dargestellt und schließlich die Römerbriefstelle überlesen, wonach Gott seinen Bund mit Israel nie gekündigt hat (Röm 9, 1-6a; 11,29).

Im 20. Jahrhundert[91] und besonders nach dem Zweiten Weltkrieg haben sich die Lehrpläne und Schulbücher von antijüdischen Vorurteilen schrittweise befreit. Am gewichtigsten dürfte der pauschale Vorwurf an »die Juden« gewesen sein, sie hätten Jesus ans Kreuz geschlagen, wie er noch 1937 in der Enzyklika »Mit brennender Sorge« von Pius XI. vorausgesetzt wird. Solange das Judentum noch nicht als eigenständige Religionsgemeinschaft behandelt wurde, sondern als Vorbereitung für die Erfüllung und Überhöhung im Neuen Bund, bestand die Gefahr zu herablassenden und disqualifizierenden Urteilen. Diese verringerten sich nach dem Konzil und seinen Folgebeschlüssen zum jüdisch-christlichen Dialog. Das Judentum in Geschichte und Gegenwart sowie das Judesein Jesu wurden dann zu selbstverständlichen Inhalten des Religionsunterrichtes.[92]

3.2 »Ich bin Joseph, euer Bruder« – *Johannes* XXIII. und die Lehre des Konzils

Mit den in der Überschrift genannten biblischen Worten (Gen 45,4), die einst Joseph in Ägypten an seine hergereisten Brüder richtete und sich so zu erkennen gab, begrüßte im Jahre 1960 Papst Johannes XXIII. gut hundert amerikanische Juden in Rom. Er brachte damit die innere Verwandtschaft von Juden und Christen zum Ausdruck. Beide gehören zu demselben Ölbaum (Röm 11,13 – 24), beide sind dem Stamme Abrahams entsprossen und haben ein reiches gemeinsames geistliches Erbe. Nicht länger konnte er die große Fürbitte in der Karfreitagsliturgie (»für die treulosen Juden«) dulden und ließ (1959) sie angemessen neu formulieren.[93] Und in einem bekannten Gebet bat er im Namen der Christen die »älteren Geschwister« um Vergebung für das ihnen zugefügte Unrecht.[94] Ein neuer Ton im Sprechen mit und von den Juden beginnt sich durchzusetzen.

Vorbereitet wurde dieses Verständis der Jüdinnen und Juden breits kurz nach dem Zweiten Weltkrieg durch die Bemühungen der *jüdisch-christlichen Arbeitsgemeinschaften*, die bis heute fortgesetzt werden, aber auch durch die »Schwalbacher Thesen« (1950/51) des »Freiburger Rundbriefkreises«, welcher für eine sachgerecht Darstellung des Judentums in Predigt und Religionsunterricht eintritt.

Verbindlich festgeschrieben wurde die Neuorientierung der katholischen Kirche in ihrer Einstellung zum Judentum im *Zweiten Vatikanischen Konzil*. In der Erklärung über das Verhältnis der Kirche zu den nichtchristlichen Religionen gilt der Passus über die Beziehung zu den Juden (Nr. 4) als Durchbruch. Mit überwältigender Mehrheit stimmten die Konzilsväter nach der Oktoberkrise 1964 am 28. Oktober 1965 folgenden Aussagen zu:[95]

- daß Israel von Gott erwählt und geliebt ist und daß diese Erwählung auch dann von Gott nicht aufgekündigt wurde, als das Evangelium Jesu Christi nicht angenommen werden konnte, denn »seine Gnadengaben und seine Berufung sind unwiderruflich« (Röm 11,28 – 29);
- daß die Kirche ihre Wurzeln in Israel hat und die Berufung durch das Volk Israel empfangen hat;
- daß Jesus, Maria, die Jünger und »Grundfesten der Kirche« aus dem jüdischen Volk stammten und Christen und Juden ein reiches gemeinsames geistliches Erbe zuteil wurde;
- daß Christus um der Sünden aller Menschen willen gestorben ist
- und daß die Kirche die Hoffnung auf eine endzeitliche Vereinigung mit Israel im gemeinsamen Lob Gottes durch alle Völker »Schulter an Schulter« (Weish 3,9) bewahre.

Daraus folgerte das Konzil, daß
- die gegenseitige Achtung und Kenntnis zwischen Juden und Christen zu fördern sei;
- die Verantwortung für den Tod Jesu weder auf alle damaligen Juden noch auf die heute Lebenden auszudehnen sei;
- keine Verwerfung oder Verfluchung Israels durch Jahwe aufgrund der Geschichte abzuleiten sei
- und endlich jede Manifestation von Antisemitismus zu verwerfen sei.

Im bekannten Synodendokument »*Unsere Hoffnung*« hat die Gemeinsame Synode der Bistümer in der Bundesrepublik Deutschland ein klares Schuldbekenntnis dazu abgelegt, daß in diesem Land die »jüngste politische Geschichte von dem Versuch verfinstert« wurde, »das jüdische Volk systematisch auszurotten«.[96] Mit dem expliziten Eingeständnis der Schuld und der Bereitschaft, aus dieser Schuldgeschichte zu lernen, wurde der Boden für neue Beziehungen bereitet.

Im Synodenbeschluß »*Der Religionsunterricht in der Schule*« wurde der Dialog mit den nichtchristlichen Religionen zum indispensablen Aufgabenbereich des Unterrichtes erklärt und explizit in die Zielformulierung aufgenommen: »Der Religionsunterricht befähigt zu persönlicher Entscheidung in Auseinandersetzung mit Konfessionen und Religionen, mit Weltanschauungen, Ideologien und fördert Verständnis und Toleranz gegenüber der Entscheidung anderer« (2.5.1). Seither gehört das Judentum als eigenständige Religionsgemeinschaft in Geschichte und Gegenwart zu den selbstverständlichen Unterrichtsgegenständen.

Trotzdem muß *Peter Fiedler* als Ergebnis seiner Untersuchung (1980) über die nach dem Konzil entstandenen Religionsbücher feststellen, daß das Judentum nicht überall mit der Sorgfalt und theologischen Kompetenz behandelt wird, wie das zu wünschen wäre.[97] Oft werden alttestamentliche Texte und Themen auf das Christusgeschehen enggeführt. Im neutestamentlichen Bereich dient das Judentum häufig nur als Negativfolie für Jesus und das frühe Christentum. Noch immer kommen Klischees und Pauschalisierungen wie »die Juden«, »die Pharisäer« vor, die zwar keine Korrektur, wohl aber eine Interpretation tendenziöser antijüdischer Stellen im Neuen Testament zur Folge haben müßten.

Im neuen »*Katechismus der katholischen Kirche*« (1993), wie bereits im »*Katholischen Erwachsenenkatechismus der deutschen Bischofskonferenz*« (1985) wird das Judentum mit Rückbezügen auf Konzils- und Schrifttexte besprochen. Ersterer streicht besonders die Frauen Sara, Rebekka, Rahel, Mirjam, Debora, Hanna, Judith und Ester als Hoffnungsträgerinnen für die Armen heraus (Nr. 64)[98] und attestiert der Kirche und Israel »ähnliche Ziele«[99] (Nr. 840). Kritisch wurde gegen diese Darstellungen eingewandt, daß sie das Judentum unstatthaft auf eine Ebene mit den Weltreligionen stellen und lediglich als Vorbereitung auf das Christentum, nicht aber als eigenständige Religion verstehen.

Dieses neue Verhältnis zwischen Christen und Juden mündete am 30. Dezember 1993 *auf politischer Ebene* in die (überfällige) *gegenseitige Anerkennung Israels und des Vatikans*, was den Beginn einer Normalisierung der Beziehungen zwischen beiden Staaten markierte. Nach den Worten des israelischen Präsidenten Weizmann wurde damit ganz allgemein eine neue Phase zwischen Juden und Christen eröffnet, und er hoffe, den Papst im Heiligen Land bald willkommen zu heißen. – *An der Basis* zeigen sich ferner Früchte der Verständigung in gemeinsamen Gebeten von Jüdinnen und Juden und Christinnen und Christen, in Gedenkgottesdiensten, etwa an die Reichspogromnacht (1938), in der Errichtung von Mahnmalen oder im gemeinsam bekundeten Willen, gegen den wieder aufkommenden Antijudaismus anzukämpfen.

Im *Rückblick* auf die Entwicklung des Verhältnisses zwischen den beiden Religionen muß einerseits festgesthalten werden, daß es lange, zu lange dauerte, bis ein Lernprozeß in der Einschätzung der Juden in Gang kam, daß andererseits der durch die Schoa ausgelöste Lernvorgang verhältnismäßig rasch auf vielen Ebenen bis in die Praxis des Religionsunterrichtes vorankam und zu beachtlichen Zwischenergebnissen führte.

3.3 »Hinweise« und »Richtlinien« für die Verkündigung

Zum interreligiösen Lernen gehört die Fähigkeit, sich in die »*Selbstkorrektur*«[100] einzuüben. Durch die Begegnung mit anderen Religionen können und sollen die eigenen Einstellungen hinterfragt und geläutert werden. Denn Lernen hat stets mit Umkehr zu tun, mit dem Eingestehen von Fehlern und mit einem neuen Sehen. Dies trifft nun genau auf den Lernprozeß zwischen römischen Katholiken und Juden zu. Nach Auschwitz und im Anschluß an die Konzilserklärung »Nostra aetate« haben interreligiöse Begegnungen und Forschungen zu Besinnung und Selbstkorrektur geführt. Papst Paul VI. hat auf dieser Linie am 22. Oktober 1974 eine vatikanische »*Kommission für die religiösen Beziehungen zum Judentum*« gegründet. Unter dem Vorsitz von Kardinal Willebrands und in Zuordnung zum Sekretariat für die Förderung der Einheit der Christen hat sie bereits zweimal (1974 und 1985) »Hinweise« und »Richtlinien« für Predigt und Katechese herausgegeben. Ihr Anliegen besteht darin, die »*gegenseitige Unkenntnis und offene Feindschaft*«[101] abzubauen, durch eine wahrheitsgetreue Verkündigung »*nicht nur zu Objektivität, Gerechtigkeit und Toleranz (zu) erziehen, sondern zum Verständnis und zum Dialog*«, damit auf diesem Weg das Programm des II. Vaticanums schrittweise realisiert wird. Diese »Hinweise« und »Richtlinien« befassen sich mit folgenden Bereichen:

– *Grundsätzlich* ist das Christentum stets – also nicht bloß gelegentlich oder am Rande – in seiner Einwurzelung im Judentum und in seiner Verwiesenheit darauf zu verstehen und zu lehren.[102] Diese beiden Glaubensüberzeugungen dürfen nicht mehr als voneinander isolierte oder parallele Heilswege dargestellt werden, denn ihnen ist ein geistliches Erbe gemeinsam und sie sind miteinander durch ein geistliches Band verbunden. In der Katechese gilt es zu berücksichtigen, daß sich (alttestamentliche) Verheißung und (neutestamentliche) Erfüllung gegenseitig erhellen, daß die Neuheit des Evangeliums auf einem Gestaltwandel der alttestamentlichen Botschaft beruht und daß die Erwählung des Volkes Israel nicht exklusiv, sondern als stellvertretend und universal offen zu begreifen ist. Der Glaube des jüdischen Volkes kann dazu beitragen, bestimmte Aspekte des

80

Glaubens und Lebens der Kirche besser zu verstehen.[103] Verfehlt wäre der frühere Irrtum, im Alten Testament eine Religion der Gesetzlichkeit und ein furchteinflößendes Gottesbild wahrzunehmen, während bei Jesus eine Religion der Liebe und ein einseitig gütiges Gottesbild vorgestellt würden.[104] Es darf nicht vergessen werden, daß die Juden die »älteren«, »bevorzugten Brüder« und Schwestern der Christen sind.[105]

– Im speziellen ist *Jesus auf dem Hintergrund seiner jüdischen Herkunft* zu deuten, ebenso Maria wie die meisten Jünger und Apostel. Durch und durch war Jesus seiner sozio-kulturellen und religiösen Herkunft verpflichtet: Zu den Festzeiten folgte er dem Wallfahrtsbrauch, nach Jerusalem zu ziehen; für das Gebet benutzte er Psalmen; er fastete und gab Almosen, wie es üblich war; er verwendete die Lehrmethoden eines Rabbi. Wiewohl er sich an das jüdische Gesetz hielt und die Treue dazu verkündete, wußte er sich nicht als dessen Sklave. Bald pflegte er innigste (Mahl-) Gemeinschaft mit Pharisäern, bald setzte er sich von phärisäischen Einstellungen ab. Sein Tod wurde als stellvertretender Sühnetod wie der der Propheten gedeutet. All das hat die Verkündigung heute zu berücksichtigen und Pauschalurteile zu vermeiden.

– Die christliche *Liturgie* ist stärker in ihrer Abhängigkeit von jüdischen Traditionen zu sehen.[106] Das »Gedächtnis« des Herrn ist auf dem Grund der Pesachliturgie aufgebaut und, wenn auch neu interpretiert, so doch mit vergleichbarer Dynamik dargestellt. Ebenfalls jüdische Vorbilder haben das Hochgebet, das Stundengebet und das Herrengebet mit der Anrede Gottes als Vater. Der Sonntag kann ohne den Sabbat, das heiligste Gebot der Juden, nicht verstanden werden.

– Schließlich darf in der Verkündigung nicht weiter gelehrt werden, die *Geschichte Israels* ende mit dem Jahre 70. Weder Tempelzerstörung noch Zerstreuung sind als Gottes Straftaten zu deuten, »*aufgespart als lebendiges Argument für christliche Apologetik*«.[107] Israel bleibt Gottes erwähltes Volk, der gute Ölbaum. Deshalb ist es unverzichtbar, die Schoa (Ausrottung) der Juden von 1939 – 1945 mit ihren rassistischen und antijüdischen Motiven zu besprechen, ferner die Gründung des modernen Staates Israel.

3.4 Impulse für Religionsunterricht, Erwachsenenbildung und Predigt

Zum Schluß dieses Kapitels über den Lernprozeß von Christen und Juden sollen stufen- und bereichspezifische Ziele sowie realisierbare Ideen für die praktische Arbeit mit Kindern, Jugendlichen und Erwachsenen formuliert werden. Dabei sollen weder bloße Kenntnisvermittlung *über* die anderen noch indirekte mediale Begegnungen genügen, obwohl sachgerechte Darstellungen unabdingbare Voraussetzungen für ein tieferes Verständnis sind.[108] Interreligiöses Lernen geschieht primär in lebendigen Begegnungen, durch Dialog und gegenseitigen Austausch, in gemeinsamen Erlebnissen und solidarischen Aktionen. Lernen in der Begegnung (*Martin Buber*), sich treffen lassen durch das »Antlitz des Anderen« (*Emmanuel Lévinas*) und in gegenseitiger Achtung miteinander auf den Weg gehen, all das wird nötig sein, um die andrängenden Weltprobleme von Frieden, Gerechtigkeit und Bewahrung der Schöpfung wirksam anzugehen. Freilich sind im deutschsprachigen Raum diese Begegnungen erschwert, weil zum einen nur wenige Juden hier wohnen und zum anderen das Gesprächsangebot – so *Johann Baptist Metz* – von den Opfern ausgehen sollte.[109] Sind diese Probleme aber sorgfältig bedacht, wären folgende Zielrichtungen in einem offenen Curriculum denkbar:

– In der *Grundschule* wird man – im Sinne einer *Propädeutik* – den Kindern einen narrativen Zugang zum Leben, Brauchtum und Selbstverständnis des Judentums vermitteln.[110] Die eigenen Wurzeln der Christinnen und Christen in den Geschichten des Ersten (Alten) Testaments, die Hintergründe neutestamentlicher Perikopen und Figuren und damit das gemeinsame Fundament von Juden und Christen ist aufzuweisen.

– Innerhalb der *Eucharistiekatechese* darf das letzte Abendmahl Jesu nicht ohne Rückgriff auf das jüdische Paschafest erklärt und mutatis mutandis gefeiert werden. Die *Bußerziehung* kann nicht auf die Umkehrbotschaft, auf die Propheten verzichten, die *Firmvorbereitung* nicht auf die Geistesgaben für Israel und den ganzen Erdkreis nach Jesaja 11,2, die konkret für die Firmbewerber und -bewerberinnen zu bedenken sind.

– Auf der *Orientierungsstufe* und im *Sekundarbereich I* sind direkte vor- und nachbereitete Begegnungen mit jüdischen Erwachsenen und/oder Kindern möglich.[111] Gegenseitige Einladungen mit Gesprächen, Besuche von Kirchen und Synagogen, christlichen und jüdischen Friedhöfen sowie gemeinsame Wortgottesdienste können vor allem in Städten durchgeführt werden. Das Lernen aufgrund (jüdischer und christlicher) Leitbilder[112] durch Einfühlung, Auseinandersetzung und Wertübernahme kann an markanten Personen und fesselnden Dokumenten (z.B. am Tagebuch der Anne Frank) eingeübt werden.[113]

– Auf der *Sekundarstufe II*[114] wird das Programm »Lernen durch Begegnung und Dialog« Vertiefungen und systematische Erweiterungen dessen erfahren, was in der Sekundarstufe I grundgelegt wurde. Dies kann von Interviews über Diskussionen kontroverser Fragen (Ringparabel in Lessings »Nathan der Weise«)[115] bis hin zu Israelfahrten und längeren Aufenthalten in Israel führen. Das heutige Judentum in seinen religiösen und politischen Dimensionen kann besprochen und miterlebt werden. In Zusammenarbeit mit

83

den Geschichts- und Deutschlehrkräften können Einzelthemen auch interdisziplinär bearbeitet werden (z.B. Der Jude Jesus,[116] der Holocaust, der Antijudaismus, Relecture evangelischer Texte). Im Bereich Kunsterziehung eröffnet sich ein breites Spektrum von Möglichkeiten (z.b. mit Bildern von Marc Chagall).

- Die *Erwachsenenbildung* hat in den jüdisch-christlichen Arbeitsgruppen vor Ort ein ideales Forum gefunden. Hier werden Vorträge mit Diskussionen zu Spezialthemen angeboten, Beiträge aus Kunst und Kultur eingebracht sowie gemeinsame Gottesdienste gefeiert. Bei gewissen Anlässen und Vorkommnissen sind auch gemeinsame Stellungnahmen auszuarbeiten und zu veröffentlichen.

- In bezug auf die *Predigt* kann die Möglichkeit des Kanzeltausches zwischen Rabbinern und Pfarrern mit Predigtnachgespräch erwogen werden. Ganz allgemein haben Christen für ihre Predigten die oben aufgeführten »Hinweise und Leitlinien« (3.3) zu beachten. Sie könnten ihre Verkündigung dadurch bereichern, daß sie vermehrt auf die alttestamentlichen Lesungen eingehen und so das gemeinsame Band von Christinnen und Christen und Jüdinnen und Juden stärken.

Der Abschnitt über interreligiöses Lernen in jüdisch-christlichem Kontext soll mit dem Hinweis ausklingen, daß *Lernen »nach Auschwitz«* primär eine friedliche Koexistenz von Christen und Juden intendiert. Denn nach der Schoa mit fast sechs Millionen getöteten Jüdinnen und Juden, davon über eine Million Kinder, ist es aus jüdischer Perspektive bereits sehr zuvorkommend, die Tugend der Höflichkeit, die »kleine Nächstenliebe« (*Romano Guardini*[117]) zu praktizieren. Höflich miteinander umzugehen, bringt Wertschätzung der andern zum Ausdruck, eröffnet einen freiheitlichen Lebensraum und überläßt den Partnern die Entscheidung, Nähe und Distanz selbst zu wählen.

4. Lernprozeß Christen – Muslime

Folgende unübersehbare *Tatsachen* sollen die zunehmende Dringlichkeit interkulturellen und interreligiösen Lernens zwischen Christen und Muslimen bekräftigen und Einsichten in mögliche Lernfelder vermitteln: Die zentraleuropäischen Staaten sind im vergangenen Jahrzehnt zu *Einwanderungsländern* geworden.[118] Ihre früheren monoreligiösen Subkulturen haben sich zu religiös-pluralen Gesellschaften gewandelt. Neben den beiden christlichen Hauptkonfessionen bilden neuerdings die Muslime die drittgrößte Religionsgemeinschaft. Diese tragen auch zu einem *gewandelten Erscheinungsbild* der Bevölkerung – vor allem in den Großstädten – bei. Zu den zahlreichen europäischen Kleinfamilien sind viele kinderreiche Familien, zumeist aus der Türkei und dem ehemaligen Jugoslawien, hinzugekommen. Viele Frauen und Mädchen dieser Familien fallen durch das Tragen eines Kopftuches auf. Die Gespräche in diesen Familien verlaufen unter den Geschlechtern, die Gespräche zu den Europäern vorwiegend über jene Kinder, Jugendlichen und Männer, die sich in zwei Sprachen verständigen können.

In den *Städten* Deutschlands wird die Architektur seit 1989 durch 16 Moscheen mit schmucken Minaretten bereichert. Selbst in katholischen Städten wie Rom und La Valetta (Malta) gibt es neuerdings je eine Moschee. Diese neuen Bauten werden freilich von gewissen Einheimischen als ungewollte

Fremdkörper und Störungen empfunden und lokalpolitisch bekämpft, was gelegentlich zu heftigen Auseinandersetzungen führt. Die Moscheen sind zu gut besuchten Gebetsräumen und Versammlungsorten geworden.[119] Neu sind auch die dort eingerichteten Koranschulen unter der Leitung von Imamen, ferner zahlreiche umgestaltete Gebetsräume in größeren Häusern sowie türkische Einkaufsläden und Gasthäuser. Zweifellos bilden die etwa zehn Millionen eingewanderten Muslime in Europa eine große *Herausforderung* für die Gesamtgesellschaft. Die Art und Weise, wie diese neue Wirklichkeit am Übergang ins dritte Jahrtausend bewältigt wird oder wie das künftige Europa an dieser Aufgabe scheitert, wird das Antlitz der Welt nachhaltig prägen. Das anvisierte Ziel ist ein gerechtes und friedvolles Zusammenleben aller Religionen.

Dieses zu erreichen, wird nicht nur durch die Tatsache erschwert, daß in den Köpfen unserer älteren Generation jene *Vorurteile und Klischees* herumgeistern, die mit großer Selbstverständlichkeit über Jahrhunderte weitergegeben wurden und eine Abneigung gegen Islam und Muslime erzeugt haben. Es sind auch jene *Fehlinformationen,* die unter anderem in den Katechismen, den katholischerseits damals einzigen Lehrbüchern des Glaubens, mehr oder weniger ausgeführt wurden, aber *im Kern dieselbe Botschaft* enthielten: Der Islam ist gar keine wahre und echte Religion, sondern ein Konglomerat religiöser, politischer und disziplinarischer Elemente aus dem Heidentum, dem Judentum und dem Christentum. Muhammad war ein falscher und boshafter Prophet, der dümmlichen Massen eine Privatmeinung aufschwatzte und diese bald mit Feuer und Schwert ausbreitete. Weder seine zweifelhafte Moral (mit Polygamie) noch seine großen Erfolge bei der Missionierung vermochten die Christen zu überzeugen; statt dessen haben seine »Häresien« bei ihnen tiefe Abscheu erweckt. Die genannten Vorurteile gegenüber Islam und Muslimen wurden in letzter Zeit genährt durch *Ereignisse aus der internationalen Politik.*[120] Wie oft brachten sie eine mit Gewalttaten begleitete Unduldsamkeit »der« Muslime gegen »den Westen« an den Tag! Terroristische Anschläge von Islamisten gegen liberale Muslime, Blutbäder muslimischer Guerillas gegen Hindus im Grenzgebiet Indien-Pakistan oder auch die Todesdrohungen gegen *Salman Rushdie* und *Taslima Nasrin* werfen Schlaglichter auf die den Muslimen nachgesagte höhere Gewaltbereitschaft. In rechtsstehenden Kreisen wird die Vermutung wiederholt, nach der »roten Gefahr« drohe nun der Islam als neues internationales, mächtiges Gefahrenpotential. Damit feiert ein ähnliches Feindbild Auferstehung, wie es bereits die Kreuzzüge leitete und wie es in den Hetzreden aus der Reformationszeit bekannt ist. – Allerdings müßte hierzulande eigentlich viel mehr beunruhigen, wenn die angesprochene Unduldsamkeit bei Christen zum Durchbruch kommt und sich in einer Serie von blindwütigen Brandanschlägen auf Unschuldige entlädt: in Hoyerswerda, Rostock, Mölln und Solingen, wo die Leidtragenden zumeist Musliminnen und Muslime waren, obwohl die Anschläge nicht direkt auf sie, sondern auf Ausländer schlechthin gerichtet waren. Müßten nicht mehr Kräfte und Mittel zur Bekämpfung des Rechtsextremismus und v.a. seiner Ursachen investiert werden?

Wenn wir uns dem *schulischen Erfahrungsraum* zuwenden, nehmen sich auf den ersten Blick die Verhaltensunterschiede christlicher und muslimischer Kinder vergleichsweise gering aus. In den Augen der Kinder freilich sind sie bedeutend; gelegentlich beeinträchtigen sie auch den Klassenunterricht: In Frankreich kam es zu einer öffentlichen Kontroverse um das Tragen des Kopftuches in der Schule. Ganz allgemein können viele muslimische Mädchen aufgrund ihrer moralischen Tradition und des damit verbundenen Schamgefühls die europäische, freizügige Bekleidungsart nicht bejahen. Deshalb sollen sie, wann immer möglich, dem Sport- und Badeunterricht fernbleiben. In ähnliche Richtung zielt das elterliche Verbot, an zweitägigen Schulreisen und an Schullagern teilzunehmen. Da in Ländern des Islam die Erziehung nach Geschlechtern getrennt erfolgt, kommt Muslimkindern die Tendenz zu vermehrt koedukativem Sportunterricht nicht entgegen. – Ferner essen strenggläubige Muslime kein Schweinefleisch. Es soll auch vorkommen, daß Knaben recht früh zum Einhalten der mit dem Fastenmonat verbundenen Kultur angehalten werden, was zu Übermüdung in der Schule führen kann. – Ganz allgemein ist zu fragen, welche Maßnahmen zu ergreifen sind, damit in der Schule ein vermehrt von gegenseitiger Achtung getragenes Verständnis zwischen den Religionen aufkommt, so daß auf lange Sicht ein ersprießliches und erfreuliches Zusammenleben wächst.

Nachfolgend wird nach konkreten Lernschritten einer Didaktik der Religionen Islam-Christentum gefragt. Was gilt es aufzuarbeiten, zu korrigieren und neu in Angriff zu nehmen? Was sollten Christen von Muslimen, was Muslime von Christen lernen? Was könnten beide gemeinsam tun? Dabei muß eingeräumt werden, daß die Lernbereitschaft bzw. der Wille zur Umkehr in beiden Religionen nicht in erwünschtem Maße vorhanden ist.

4.1 Erinnerung an positive und negative Erfahrungen aus der Geschichte

Um ein gelingendes Zusammenleben der Weltreligionen zu ermöglichen, tut es vorerst not, sich früherer Formen des gegenseitigen Umgangs zu erinnern, stehen wir doch im Flusse einer bereits gut dreizehnhundertjährigen gemeinsamen Geschichte. Frühere markante Erfahrungen einfach zu vergessen, hieße, sie zu verdrängen und in ihrer Bedeutung für heute nicht zur Kenntnis zu nehmen. Die Erinnerung indessen hat verändernde und gestaltende Kraft für Gegenwart und Zukunft.

An erster Stelle sollen hier nicht die sattsam bekannten Kreuzzüge, sondern die *Verdienste arabischer Gelehrter* wie *Avicenna* (910 – 1037), *Avicebron* (1020 – 1070) und *Averroes* (1126 – 1198) erwähnt werden, welche als erste die griechische Philosophie über Afrika nach Europa gebracht haben und damit eine Begegnung zwischen Christentum und griechisch-abendländischer Philosophie ermöglichten. – Auf christlicher Seite ist der spätere Abt von Cluny, *Petrus Venerabilis* (1092 – 1156), zu erwähnen, der die erste Lateinübersetzung des in arabisch verfaßten Korans veranlaßte und damit einen direkteren Zugang zu den Quellen schuf.[121]

Bedeutungsvoller und wirksamer waren die Vorstellungen über den Islam, wie sie sich im *Mittelalter* ausbildeten und lange Zeit ohne tiefgreifende Änderungen Gültigkeit beanspruchten. Sie waren inspiriert von den Kampfschriften der Väter »Gegen die Juden«, »Gegen die Häretiker«, »Gegen die Heiden« und entstammten dem apologetischen Klima der jungen Kirche auf ihrem Weg der Identitätsfindung. Selbst *Thomas von Aquin* (1225 – 1274) behandelte die Muslime selbstverständlich als Ungläubige (»infideles«),[122] die außerhalb der Kirche kein Heil finden könnten. Philosophisch-argumentativ setzte er sich mit den drei Hauptirrlehren dieser Religion auseinander, ohne zuerst die Gemeinsamkeiten zu bedenken: a) Die Einheit und Einzigkeit Allahs stand für ihn in unversöhnlichem Widerspruch zur christlichen *Dreifaltigkeitslehre*; b) als unvereinbar mit dem christlichen Glauben betrachtete er die Leugnung der *Gottessohnschaft Jesu und seines Kreuzestodes*, und c) kompromittiere die fatalistische Ergebenheit der Muslime in Allahs Willen die christliche Entscheidungs- und Handlungs*freiheit*.

In Kontinuität zum Mittelalter ließ sich die *Reformations- und Gegenreformationszeit* von der Überzeugung leiten, daß die Wahrheit einzig und unteilbar sei, letztlich realisiert in der

Kirche als Leib Christi. Juden und Muslimen kämen folglich keine Heilschancen zu. *Martin Luther* machte in seinen »Türkenschriften«,[123] nicht aber in seinen Katechismen, keinen Hehl aus seinem Haß gegen Muhammad, den er den »lästerlichen Mahmet« schimpfte und auf dieselbe Ebene wie den Papst, den Antichristen, stellte. *Petrus Canisius*, der bereits unter 3.1 erwähnt wurde, ordnete die Muslime bei den Juden und Häretikern ein und verlangte von einem echten Christen (vere christianus), daß er sie als Häretiker verurteile, ihre Lehren als schädliche Pest meide und seine Vertreter nach dem Wort Jesu wie Heiden oder Zöllner (Mt 18,17) behandele.[124]

Im 19. Jahrhundert griff der bereits zitierte einflußreiche *Josephus Deharbe* SJ in seinem neuscholastischen »Lehrbegriff« (1847) die herkömmlichen Lehren auf, um sie noch etwas drastischer weiterzugeben. Muhammad nannte er einen »Betrüger«, der aus heidnischen, jüdischen und christlichen Gebräuchen eine neue Religion »zusammen stoppelte. An der Spitze einer räuberischen Schar plünderte er anfangs Karawanen, eroberte bald Städte und Länder und zwang mit dem Schwerte die Einwohner zur Annahme seiner Lehre«.[125]

Diese und ähnliche Vorstellungen hielten Christen bis ins 20. Jahrhundert für wahr. *Zusammenfassend* galt der Islam als nicht-geoffenbarte Religion mit einem tyrannischen Gottesbild; Muhammads Wahrhaftigkeit und Echtheit seines Prophetentums wurden angezweifelt, sein Lebenswandel in Verruf gebracht und seine Lehre als fragwürdig hingestellt. Da bleibt es unnötig zu erklären, daß ein so gefärbtes Bild von dieser Religion und ihren Vertretern ein gedeihliches Zusammenleben mit den Christen erschwerte, abgesehen davon, daß Muslime bis vor kurzem in weiter Ferne lebten. Aus einer Position der Stärke heraus wurde in überheblicher Weise von dieser Religion gesprochen und bei der Jugend großes Mißtrauen gegen sie gesät. Gewiß, man könnte einwenden, diese Vorstellungen müßten alle von den damaligen geistesgeschichtlichen und soziokulturellen Voraussetzungen her gesehen und infolgedessen relativiert werden. Dies mag bis zu einem bestimmten Grad wahr und geschichtlich gerecht sein. Trotzdem kann der geschürte Haß nicht gutgeheißen werden, denn er wirkt sich bis heute verheerend aus.

Der Islam verstand und versteht sich bis heute als vollkommene Ergebung in Gott, als Friede mit Gott und als ausschließlich wahre Religion, ausgestattet mit Absolutheitsanspruch, und hofft, einst die einzige Weltreligion zu sein. Es gelingt ihm, Judentum und Christentum in eine Gesamtschau zu integrieren, indem er den Koran als arabische Variante der allgemeinen, das Judentum und Christentum umfassenden Offenbarung Gottes betrachtet. Schon im Koran wird Jesus als Prophet anerkannt und in die Reihe der Propheten Abraham, Mose, Elia und Johannes des Täufers gestellt. Das Evangelium gilt als Offenbarung Gottes an Jesus und wird hinsichtlich ihres Ranges mit der Thora für die Juden verglichen. Aus diesen Begebenheiten hat sich anfänglich auch ein mehrheitlich tolerantes Verhältnis zu den Christen ergeben. Erst in späterer Zeit (nach Medina) rückte Muhammad die Christen in die Nähe der Polytheisten, denen der Zugang zum Paradies verwehrt bleibe. Außerdem wahrte der Koran die Religionsfreiheit[126] stets und verstand die Christen vorläufig als »Schutzbefohlene«.

4.2 »Mit Hochachtung« – der Neuansatz des Konzils

Die Wende in der Beurteilung des Islam bahnte sich seit rund hundert Jahren an und steht mit folgenden Faktoren in Zusammenhang: An den Universitäten wurde das Studium der Orientalistik und der arabischen Sprachen eingeführt; die vermehrte Kommunikation sowie die intensivierte Reisetätigkeit eröffneten den Zugang zur islamischen Kultur und Religion, wie sie tatsächlich gelebt und gepflegt wurden. Bilder vom Islam aus aller Welt gelangten in die meisten Häuser und trugen zum Abbau der Vorurteile bei. Neuere Koranübersetzungen[127] ins Deutsche ermöglichten eine direkte Auseinandersetzung mit dieser eigenen, uns fremden Welt. Im kirchlichen Raum wurde die Ekklesiologie erweitert, so daß die Wende in der Einschätzung des Islam beim Zweiten Vatikanischen Konzil offiziell vollzogen werden konnte. In der Kirchenkonstitution heißt es:»Der Heilswille (Gottes) umfaßt (neben den Juden) aber auch die, welche den Schöpfer anerkennen, unter ihnen besonders die Muslim(e), die sich zum Glauben Abrahams bekennen und mit uns den einen Gott anbeten, den barmherzigen, der die Menschen am Jüngsten Tag richten wird« (Lumen gentium, Nr. 16).
Der neue Ton im Sprechen der katholischen Kirche zeigt sich hauptsächlich im Ausdruck»mit Hochachtung« in der»Erklärung über das Verhältnis der Kirche zu den nichtchristlichen Religionen« (Nostra aetate, Nr. 3). Damit läßt das Konzil allen Haß und jede Geringschätzung beiseite und ringt sich zu einer erstaunlichen Neueinschätzung des Islam durch. Kaum ein Konzilstext hat in der Weltöffentlichkeit eine so nachhaltige Resonanz wie dieser gefunden. Die angesprochene Hochachtung läßt nun die einzelnen Faktoren dieser Religion in einem ganz neuen Licht erscheinen. Sie können in folgenden fünf Punkten zusammengefaßt werden:

- Wenn das Konzil von den Muslimen »mit Hochachtung« spricht, meint es damit, daß auch sie *von Gott erschaffen* und *mit Freiheit und Würde ausgestattet* sind. Erstmals erkennt ein Konzil an, daß auch Nichtchristen ein erfülltes Leben haben und eine sinnvolle Existenzerfahrung machen können und daß ihnen Frieden und Heil bereits auf Erden anfanghaft zuteil werden;
- die Konzilsväter erwähnen ausdrücklich das *Gottesbild* der Muslime, insofern dieses dem christlichen Gottesbild entspricht. Muslime (und Christen) verehren »den alleinigen Gott, den lebendigen, in sich seienden, barmherzigen und allmächtigen, den Schöpfer Himmels und der Erde« (Nostra aetate, Nr. 3);
- der Islam wird insofern geschätzt, als er *Jesus als Propheten* anerkennt und *Maria*, die jungfräuliche Mutter Jesu, verehrt;
- die *gemeinsame Hoffnung* von Christen und Muslimen auf die Auferstehung und das ewige Leben wird erwähnt;
- schließlich würdigt das Konzil die sittlich-religiöse Lebenshaltung der Muslime und die Verehrung Allahs durch Gebet, Almosen und Fasten.[128]

Selbst wenn man die nicht berücksichtigten Wünsche von Islamspezialisten bedenkt, daß sich nämlich das Konzil auch positiv zu Muhammad und zum heiligen Koran äußern möge, und wenn man vom heute neu formulierten Inklusivismus-Schema (vgl. 1.4) absieht, legt doch dieser Text den *Grundstein* für ein positives Verhältnis zwischen den Menschen der beiden Religionen.

In didaktischer Hinsicht bedeutet der Konzilstext, daß wir im Gegensatz zu der früheren Polemik nun von den gemeinsamen Glaubensüberzeugungen und den damit verbundenen gemeinsamen Lebensperspektiven ausgehen können. Bekanntlich können Gemeinsamkeiten verbinden und dazu beitragen, die vorhandene Distanz und Fremdheit zu überwinden. Jedenfalls zeichnet der Konzilstext für eine Didaktik der Religionen den Weg vor, *vom Gemeinsamen zum Unterschiedlichen und vom Vertrauten zum Fremden voranzuschreiten.* Unweigerlich ergibt sich daraus auch eine Rückbesinnung der Christen auf ihren eigenen Glauben und seine Wurzeln. Nachzutragen bleibt, daß der epochale Konzilstext auf christlicher wie muslimischer Seite die gegenseitige *Gesprächsbereitschaft* weckte und förderte.[129] Zu erwähnen sind die Errichtung eines »Sekretariats für die Nichtchristen« durch Papst Paul VI. (1964), seit 1989 umbenannt in den »Päpstlichen Rat für den interreligiösen Dialog«, die Bildung bilateraler und trilateraler Gesprächsgruppen auf nationaler und internationaler Ebene, wie 1970 die der ständigen »Konferenz europäischer Christen, Juden und Moslems«, 1978 die Errichtung der Dokumentationsstelle für Christlich-Islamische Schriften in Soest und die Gründung der Christlich-Islamischen Begegnung-Dokumentationsstelle CIBEDO in Frankfurt. Ein Zurück hinter diesen Stand zu den monokonfessionellen Bastionen, in die religiösen Subkulturen mit Abschottungs- und Ghettocharakter scheint es nicht mehr zu geben! *Öffnung und Solidarität* angesichts der wachsenden Probleme der Einen Welt sind angesagt.

Fortgeschrieben wurde »Nostra aetate« in den Dokumenten der Deutschen Bischofskonferenz »Muslime in Deutschland« (1982) und »*Christen und Muslime in Deutschland*« (1993).[130] Bereits ihre Titel signalisieren das Anliegen eines »Miteinander(s) in Grundsatztreue und in Respekt voreinander«,[131] weshalb die letztere Schrift die Bedingungen und Konsequenzen einer katholisch-islamischen Ehe sorgfältig darstellt. Trotz vieler Unterschiede und einer leidvollen Geschichte verbinden Christen und Muslime »viele gemeinsame Quellen und Wahrheiten des Glaubens«, so daß eine gemischt religiöse Ehe neben Schwierigkeiten auch »Chancen und Möglichkeiten« enthält und sogar einen »größeren Reichtum an Lebenswerten« erbringen kann.[132]

4.3 Muslimische Reaktionen auf Dialogbemühungen der Christen

Es muß eingestanden werden, daß die dargelegte Neueinschätzung des Islam durch das Konzil und die zahlreichen Impulse zu gemeinsamem Lernen mehrheitlich von Christen ausgehen und bei den Muslimen ein eher verhaltenes Echo gefunden haben. Der Schwung in ökumenischen und interreligiösen Fragen der 70er Jahre ist, nach dem Würzburger Missionswissenschaftler *Ludwig Hagemann*, einer »latenten Resignation«[133] gewichen. Trotzdem hat im Vergleich zur vorkonziliaren Zeit ein *spürbarer Klimawechsel* sowohl auf christlicher als auch auf muslimischer Seite stattgefunden.

Nach wie vor gibt es aber *geschichtlich begründete, emotionale Barrieren*, die verhindern, daß sich Muslime mit Christen in einen unproblematischen Lernprozeß involvieren lassen. Im 19. und beginnenden 20. Jahrhundert wurden muslimische Länder von den Mächten des (christlichen) Westens (ohne Deutschland) überrannt, zu Kolonien gemacht und der Herrschaft unterworfen. Die Angst der Muslime, man wolle sie erneut missionieren, ihnen politische und soziale, erzieherische und religiöse Vorstellungen aufzwingen,[134] ist ebenso vorhanden wie die über Generationen tradierte Erinnerung an kriegerische Auseinandersetzungen, deren Wunden noch nicht geheilt sind. Dazu kommt in jüngster Zeit die nicht unbegründete Angst vor weiteren gewalttätigen Übergriffen auf wehrlose Ausländerinnen und Ausländer.

Zurückhaltung im Dialog erfolgt weiter aufgrund des soziologischen *Minderheitstatus* der Muslime in Westeuropa. Dieser bewirkt eine Solidarisierung untereinander mit Anzeichen einer Gettoisierung. Muslime sorgen sich ernsthaft um die Wahrung und Pflege ihrer *Identität* und reklamieren die *gleichen Rechte* wie die Einheimischen.[135] In ihren Augen haben allzu viele Christen versagt und sind dem europäischen bzw.

amerikanischen Konsumismus zum Opfer gefallen, anstatt ihren Glauben zu bewahren. Haben sich einst, so könnte man heute fragen, nicht auch die Katholiken in ihren kulturellen Milieus zusammengeschlossen, um ihre Identität zu verteidigen und ihre Kräfte für den Kampf gegen fremde Ideologien zu sammeln? Ist nicht der Zeitraum einer wechselseitigen positiven Einschätzung – gemessen an den Jahrhunderten der Feindschaft – noch viel zu kurz, als daß schon reife Früchte zu erwarten wären? Das Stadium des Dialogs in der Begegnung von Christen und Muslimen ist nach der Meinung Abdullahs »noch nicht erreicht. Wir stehen allenfalls an der Schwelle zum Dialog«.[136]

Um den *Wegcharakter gegenseitigen Lernens* zu dokumentieren und um der gegenwärtig komplexen Situation gerecht zu werden, sollen die unterschiedlichen Reaktionen auf christliche Dialogbemühungen in vier Gruppen (schematisch) eingeteilt werden:

– Die nicht allzu große, aber markante Gruppe der *Fundamentalisten und Traditionalisten* zeigt deshalb kein Interesse an Begegnungen und Gesprächen, weil sie einen religiösen Staat islamischer Prägung nach dem Vorbild des schiitischen Irans erreichten möchte. Dabei handelt es sich um hartnäckige Verfechter einer Bekehrungsstrategie, die weder willens noch fähig sind, sich auf die gewandelten Gegebenheiten einzulassen.

– Eine ebenfalls kleine Gruppe, die teilweise mit der ersten identisch ist, hält interreligiöse Begegnungen für wenig sinnvoll bis überflüssig, weil sie den Islam nach dem Koran für die *»einzig wahre Relgion«* (Koran 3,19) hält und hofft – analog zu den Christen vor 150 Jahren mit Berufung auf Joh 10,16 (»eine Herde unter einem Hirten«) –, daß die Menschen ihre Religion übernehmen werden.

– Eine größere Gruppe Muslime ist *nicht abgeneigt*, mit Christen ins Gespräch zu kommen und allenfalls von ihnen zu lernen, vorausgesetzt allerdings, daß Christen keine Missionierungsversuche unternehmen. Dazu gehören die zahlreichen Lehrlinge, Arbeiter-innen und Angstellte, die am Arbeitsplatz Europäerinnen und Europäern begegnen; ferner die vielen Schülerinnen und Schüler, die täglich mit Christen, freilich unterschiedlicher Glaubensüberzeugung, die Schule besuchen und mit ihnen zusammen für das Leben lernen. Sie haben sich in unterschiedlichem Maße an die europäische Lebens- und Denkweise angepaßt und leben auch ihren Glauben unterschiedlich. Etwa die Hälfte der Muslime in Europa pflegt den Fastenmonat Ramadan. Eigentlich möchten sie ihre kulturelle und religiöse Identität bewahren, aber unter den gegebenen Umständen verlassen nicht wenige ihre religiöse Beheimatung oder verlieren die Kraft zu einer Kontrastkultur gegenüber der westlichen. Einige geben ihren Herkunftsglauben deshalb preis, weil sie meinen, nur durch Anpassung in beruflicher und gesellschaftlicher Hinsicht Zukunftschancen zu haben. Viele arrangieren sich eher mit dem status quo und akzeptieren eine möglichst konfliktfreie Konvivenz, als daß sie diese bewußt wählten und innerlich bejahten. Entscheidend für die Bereitschaft zu gemeinsamem Lernen unter Wahrung der Eigenart sind die konkreten Erfahrungen mit Christen vor Ort. Je wohlwollender und unaufdringlicher Christen Muslimen begegnen und sie dabei respektieren, desto weniger Mißtrauen werden sie gegenüber Christen hegen.

– Eine letzte, wiederum eher kleine Gruppe von Muslimen ist *dialogfreudig und kooperativ*. Zu ihr gehören Mitglieder offizieller Gremien, wie des Islamischen Weltkongresses, die an gemeinsamen Gesprächen, Konferenzen und auch Gottesdiensten teilnehmen.[137] Sie wissen um die prinzipielle Übereinstimmung von Christentum und Islam in den großen Fragen der Welt- und der Menschheitsgeschichte: Monotheismus, biblische Traditionen, Grundzüge der Moral und Spiritualität sowie in der Einstellung zur Schöpfung.

4.4 Das Gemeinsame im Leben und Glauben entdecken

Eine Didaktik der Weltreligionen wird zuerst nach Anknüpfungspunkten im Lebens- und Glaubenshorizont der Adressaten Ausschau halten und sie dort abholen, wo sie stehen. Da soll nicht eine obskure fremde Welt den Anfang bilden, sondern im Leben Vertrautes angesprochen werden, um von dort weiterzugehen. Mag der Glaube suchend und angefochten sein, die Konfrontation mit ähnlichen Vollzügen kann fruchtbare Auseinandersetzungen ergeben. Was bereits an Anhaltspunkten vorhanden ist, soll Klärung und Vertiefung finden.[138]

4.4.1 Anerkenntnis der Souveränität Gottes

Auch wenn eine bedeutende Zahl von Menschen heute so lebt, als existiere Gott nicht, die Mehrheit der Zeitgenossen und insbesondere die drei prophetischen Religionen, Judentum, Christentum und Islam, sind davon überzeugt, daß nicht der Mensch Herr über Leben und Tod, Schöpfer der Welt und letzte richtende Instanz ist, sondern Gott. Judentum und Christentum vergegenwärtigen sich die primäre Glaubenstatsache zu Beginn des Dekalogs. *»Ich bin der Herr, dein Gott, der dich herausgeführt hat aus Ägypten, aus dem Sklavenhaus. Du sollst keine anderen Götter neben mir haben. Du sollst dich nicht vor ihnen niederwerfen und nicht vor ihnen Dienst tun«* (Ex 20, 2.3.5).
Für die islamische Religion ist das Glaubensbekenntnis zum einen und einzigen Gott so zentral, daß dieses zur ersten und wichtigsten Grundpflicht der Gläubigen geworden ist. *»Ich bezeuge, es gibt keinen Gott außer Allah«*. Und der heilige Koran beginnt in der 1. Sure mit *»Allah ist groß, Allah ist groß, es gibt keinen Gott außer Allah«*.

Der Glaube an Allah und die sich öffnende Hingabe an seinen Willen bilden die Mitte des Islam. Jede Form von Götzendienst steht in direktem Widerspruch zum rechten Glauben an den alleinigen Herrscher. – Die 99 schönsten Namen Allahs nach dem Koran vermitteln ein weitgehend identisches Gottesbild mit dem jüdisch-christlichen Gottesbild.[139]

4.4.2 Jesus und Muhammad als Propheten und Knechte

Muhammad ist im Islam das »Siegel der Propheten« (Koran 33,40), das heißt, er steht in der Reihe aller Propheten, die im Alten Testament und im Koran erwähnt werden, und übertrifft diese schließlich. Er ist der letzte Prophet, der Inbegriff wahren Prophetentums und Künder des Willens Gottes. Überzeugt von seiner Berufung durch Allah, die ihm durch den Engel Gabriel mitgeteilt wurde (Koran 96, 1-5), hat er seine Landsleute zur Umkehr, zu einem radikal gelebten Glauben aufgerufen, zur Verehrung des einzigen Gottes und zur Reform des verdorbenen gesellschaftlichen Lebens. Auch Christus, den der Islam als Propheten anerkennt, hat prophetische Züge und wußte sich in der Nachfolge der früheren Propheten bis zu Johannes dem Täufer, seinem Wegbereiter. Als Prophet verkündete er den Willen Gottes und rief die Menschen zur Umkehr. Aber, und hier liegt der Unterschied, der unter 4.5 noch näher zu betrachten sein wird, in Jesus kam nach christlicher Auffassung der Sohn Gottes in die Welt.

Ein Ansatz für den christlich-islamischen Dialog ist das koranische Verständnis Jesu als *Diener oder Knecht Gottes* (Koran 4,172). Dem entspricht in etwa Jesu Bezeichnung als *Sklave* im Philipperbrief (Phil 2,7), wo der Weg Jesu als Entäußerung und Hingabe beschrieben ist. – Jedenfalls wird das Gespräch zwischen den beiden Religionen über die Bedeutung von Jesus und Muhammad weitergehen müssen, und diese Entsprechung wäre ein guter Ausgangspunkt.

4.4.3 Bibel und Koran, die heiligen Bücher

Wer in einem muslimischen Gebetsraum jenen Ort betrachtet, an dem der heilige Koran aufliegt, wird unweigerlich an den Ambo in christlichen Kirchen erinnert. Beide heiligen Schriften enthalten Gottes Wort und gelten als inspiriert. An zentraler Stelle sind sie in Kirchen und Moscheen für die Gläubigen augenfällig da. Während die Bibel Maßgabe für das christliche Leben ist und in jedem Gottesdienst einen Schwerpunkt der Verkündigung bildet, so erfüllt der heilige Koran für Leben und Gebet – besonders an Freitagen – der Muslime dieselbe Funktion.[140] Mit Ehrfurcht soll aus beiden Büchern gelesen werden. Muslime und Christen sind beide Hörende. Durch die Worte spricht Allah bzw. Gott zu ihnen, gibt er Weisung und schenkt Leben.

4.4.4 Das Gemeinschaftsgebet als Antwort auf Gottes Wort und Gegenwart

Die gläubigen Muslime, sofern es die äußeren Bedingungen erlauben, beten fünfmal am Tag: am Morgen, Mittag, Nachmittag, am Abend und bei anbrechender Nacht. Die Ernsthaftigkeit des Betens zeigt sich nicht nur in den vorbereitenden Reinigungsriten, sondern auch darin, daß stets der ganze Leib das Gebet mitvollzieht. Der Gemeinschaftscharakter des Gebetes in der Moschee, oft auch im Freien, bringt eine tiefe Solidarität zum Ausdruck. Im Grunde sind die einzelnen Gebetzeiten jene Momente, die Allahs Gegenwart ausdrücklich bewußtmachen. Der fromme Muslim sollte eigentlich stets an Allah denken, vor dessen Angesicht er lebt und handelt. Sein Leben ist gleichsam ein Tanz des Gehorsams vor Gott.[141] Im Christentum sind es die Ordensleute, die ein so intensives gemeinschaftliches Gebetsleben pflegen. Bis vor einiger Zeit gehörten bei zahlreichen Christen Morgen-, Tisch- und Abendgebete zum selbstverständlichen Grundbestand des Lebens. Heute stehen wir zugegebenermaßen vor einem Zusammenbruch dieser klassischen – oft fragwürdigen, weil sinnentleerten – Gebetskultur und suchen nach neuen stimmigen Gebetsformen.

4.4.5 Diakonie und Armensteuer – Solidarität mit den Armen

Sowohl Christentum als auch Islam sind Religionen mit einer bedeutungsvollen diakonischen Dimension. Diese läßt sich im Christentum zurückverfolgen bis zu den Werken der Barmherzigkeit, deren Wurzeln im Neuen Testament (Mt 25, 31-40) und im Alten Testament (Jes 58,7; Ijob 31,17.19.21; Ez 18,7.16; Tob 1,16 f; 4,14.16) zu finden sind. Im Islam gehören Almosen und Armensteuern sowie Abgaben für den Unterhalt der Gemeinschaft zu den fünf Grundpflichten. In beiden Religionen hat sich ein Wandel von individualistischen Bußübungen zu sozialen Taten in einem weltweiten Horizont vollzogen. In beiden aber bleibt die Solidarität mit den Armen ein Prüfstein für die Echtheit des Glaubens.

4.4.6 Fasten als Sich-Öffnen für Gott und Mitmensch

Juden, Christen und Muslime haben die Pflicht zu fasten. Dabei handelt es sich um geistig-leibliche Vollzüge, welche Gottes Gegenwart transparent machen sollen. Während Muslime im Monat Ramadam von Sonnenaufgang bis Sonnenuntergang auf Speis und Trank, auf Rauchen und Geschlechtsverkehr verzichten, verstehen die Christen die Zeit von Aschermittwoch bis Karfreitag als Zeit der Buße und der Vorbereitung auf ihr Zentralfest Ostern. In beiden Religionen geht es um geistige und geistliche Erneuerung, um leibliche und gemeinschaftliche Umkehr, weshalb für beide Religionen in dieser Zeit auch gute Werke gefordert sind.

Eine Didaktik der Religionen wird in Erwachsenenbildung und Religionsunterricht diese gemeinsamen Wesensmerkmale von Christentum und Islam zur Diskussion stellen. Sie können am Anfang der Auseinandersetzung mit anderen Religionen stehen und die eigene Position dazu hinterfragen. Die Erkenntnis so vieler und tiefreichender Gemeinsamkeiten kann zur gegenseitigen Bereicherung führen und den persönlichen wie gemeinschaftlichen Glaubensvollzug erneuern. Es versteht sich von selbst, daß methodisch nicht allein kognitiv und mit Texten vorgegangen werden kann und soll, sondern über Bilder, Tondokumente, Filme, eigene Anschauung und Meditation.[142]

4.5 Unterschiedliches verstehen und Fremdes respektieren lernen

Nachdem einige wichtige Gemeinsamkeiten von Islam und Christentum angesprochen wurden, sollte der Boden aufgelockert sein, um in gegenseitigem Respekt auch Unterschiede festzustellen, zu verstehen und sie nach Möglichkeit einzuordnen.

4.5.1 Dreifaltigkeit oder Tritheismus und die Gottessohnschaft Jesu

Der Islam vertritt die Meinung, Jesus sei zwar als Religionsstifter von Gott gesandt worden, geboren von der jungfräulichen Gottesmutter Maria; er habe Blinde und Aussätzige geheilt und Tote auferweckt, aber in seine Bedrängnis griff Gott direkt ein und erhob ihn durch Himmelfahrt zu sich. Die Schande und Schmach des Leidens und des Kreuzestodes blieben ihm erspart, gerade das, was in christlicher Sicht die Heilsbedeutsamkeit Jesu Christi begründet.

Wäre Jesus Christus Gott, würde dadurch die Einzigkeit Allahs verdunkelt, mit anderen Worten, denen des Korans, würde ihm eine »zweite Gottheit« »beigesellt«. Damit wäre ein Rückfall in den zu bekämpfenden Polytheismus gegeben. In Sure 5,72 bezeichnet der Koran jene als ungläubig, welche in Christus Gott sehen, ihnen bleibt der Eingang ins Paradies verwehrt.

4.5.2 Krieg und Frieden

Im Laufe des Golfkrieges (1992) rechtfertigte der irakische Befehlshaber Saddam Hussein die Führung seines Krieges mit dem im Koran festgeschriebenen heiligen Krieg. Der heilige Krieg verfolge das Ziel der Alleinherrschaft des Willens Allahs und des Islam überhaupt. Danach sei der islamischen Gemeinschaft die Pflicht übertragen, so lange diesen heiligen Krieg zu führen, bis Frieden herrscht, das Gesetz Allahs universelle Geltung erreicht hat und sich alle Menschen der Oberherrschaft des Islam unterworfen haben. Damit hat sich Hussein den radikalen Lehren Muhammads aus der klassischen Zeit in Medina (622 – 632) angeschlossen, wo dieser, von den Mekkanern verfolgt, nicht zur heiligen Stätte Mekka zugelassen wurde und eine entschiedenere Gangart einschlug, welche militante, fundamentalistische und islamistische Kreise bis heute vertreten. Friede wird erst dann einkehren, wenn alle Ungläubigen, Abtrünnigen und Aufständischen siegreich überwunden und der Herrschaft Allahs im Islam unterworfen sind. Ziel ist der *eine* islamische Staat bis an die Grenzen der Erde.

Gegenüber dieser Position befürworten die Islamspezialisten *Adel Th. Khoury, Hans Zirker, Muhammad S. Abdullah*[143] den Frieden als Voraussetzung eines internationalen, multikulturellen und religiös-pluralen Zusammenlebens.

Zunächst ist darauf hinzuweisen, daß der Islam selbst einen *Vorrang des Friedens* kennt, den Frieden als eigentliches Ziel des Kampfes für Allah und sein Reich versteht und daß er der Versöhnung der Menschen untereinander ähnlich großes Gewicht beimißt wie der Barmherzigkeit Allahs: *»Und wenn sie (die Feinde) sich dem Frieden zuneigen, dann neige auch du dich ihm zu«* (Koran 8,61). Friede soll einkehren, sobald sich die Ungläubigen bekehren (Koran 5,34; 4,90; 4,94). Trotzdem können auch hier bewaffnete Auseinandersetzungen begründet werden, etwa in einem Verteidigungskrieg oder wenn gläubige Muslime verfolgt, unterdrückt oder entführt werden.

Beachtenswert ist ferner die Stellungnahme des *Kongresses der Islamischen Welt* aus dem Jahre 1983. Diese enthält ein Plädoyer für eine Friedenserziehung im Hinblick auf dauerhaften Weltfrieden, wozu Verständigungsbereitschaft und Toleranz, Gerechtigkeit und gegenseitige Achtung unabdingbare Voraussetzungen sind.[144]

Damit ist ein breites *Spektrum verschiedenster Einstellungen des Islam zu Krieg und Frieden* aufgezeigt. Im Vergleich zum Christentum wäre die Unterscheidung vom Wort der Heiligen Schrift und der Praxis der Christen wichtig. Zweifellos ist Jesus Christus für Gewaltlosigkeit eingetreten und wurde selbst Opfer der Gewalt. Er hat die Friedensstifter selig gepriesen und den gewälttätigen Petrus zurechtgewiesen. Dem gegenüber haben aber die Christen diese Worte nicht immer befolgt, und die christliche Tradition hielt sie stets vereinbar mit Verteidigungskrieg und Todesstrafe.

Didaktisch wäre es hier angebracht, heutige Gewalttaten zwischen den Religionen oder gegenüber Vertretern der Religionen herauszugreifen, auf die Motive hin zu befragen, mit Stellen in Bibel und Koran zu konfrontieren und Bedingungen einer Immunisierungsstrategie einzufordern.[145]

4.5.3 Großfamilie, Polygamie und Geschlechterverhalten

In den letzten Jahrzehnten haben sich infolge sozioökonomischer Wandlungen im christlichen Raum folgende Veränderungen bezüglich der Familien und des Partnerverhaltens ergeben:
- von der Großfamilie zur Kleinfamilie;
- Emanzipation der Frau zur weitgehenden Gleichberechtigung;
- flexibles Rollenverhalten von Mann und Frau;

– die Ehe als nurmehr eine unter verschiedenen Formen des Zusammenlebens der Geschlechter.

Im Islam scheint vorerst noch mehr Widerstandskraft gegenüber diesen gesellschaftlichen und sozialen Veränderungen vorhanden zu sein. Großfamilien und reicher Kindersegen sind nach wie vor selbstverständlich, ebenso die Rollenaufteilung von Mann (Haupt der Familie, Vertreter in der Öffentlichkeit; kommt für Auskommen auf) und Frau (zuständig für Hausarbeit und Kindererziehung). Dennoch gibt es auch Tendenzen der Frauenemanzipation. Die im Koran festgehaltene Möglichkeit der Polygamie, wonach ein Mann bis zu vier Frauen gleichzeitig haben darf (Koran 4,3), wird an die Verpflichtung einer gerechten Behandlung aller Frauen gebunden. Daß diese Gerechtigkeit recht schwierig zu verwirklichen ist, deuten manche Koran-Interpreten als stille Option des Korans für die Einehe, ohne dadurch den Grundsatz der Polygamie, der aus der Zeit des Sklavenrechtes stammt, aufzugeben.

Manche Katholikinnen und Katholiken mögen sich an die Stellung der katholischen Frauen vor 30 bis 40 Jahren erinnern, als diese selbstverständlich, juristisch festgelegt und für Hausarbeit und Kindererziehung zuständig waren. Wie schnell sich dieses Rollenverhalten verändert hat und sich neue Formen des Zusammenlebens durchgesetzt haben (Ehe ohne Trauschein, Einelternfamilie, zusammengesetzte Familien, Wohngemeinschaften) läßt vermuten, daß sich islamische Familien in Europa diesen Tendenzen auf lange Sicht nicht vollständig entziehen können. In einigen laizistischen Staaten des Islam (z.B. Türkei) ist die Polygamie verboten und die Einehe als verpflichtend eingeführt worden (seit Atatürk, 1923).

4.6 Impulse für Kindergarten, Schule und Erwachsenenbildung

Interreligiöses Lernen beginnt bereits in den vorschulischen Kindergärten, etwa in den sozialpädagogisch verantworteten Tageseinrichtungen in kirchlicher Trägerschaft.[146] Diese sollen sich gemäß Empfehlung der Würzburger Synode vorrangig den sozial schwachen und bildungsbedürftigen Kindern öffnen, wozu zahlreiche ausländische Kinder[147] islamischer Religion gehören. Das gemeinsame Aufwachsen und Lernen katholischer und muslimischer Kinder ab dem vierten Lebensjahr eröffnet die Chancen und Möglichkeiten, »gerade im offenen Umgang mit Fremden die eigene Identität bewußter (zu erleben), als dies mitunter in konfessionell homogenen Gruppen geschieht«.[148] Ohne eine vordergründige Anpassung oder Nivellierung der Unterschiede zu intendieren, können in Ergänzung zum christlichen Gebets- und Liedschatz auch Gebete und Lieder aus dem Islam aufgenommen werden, neben Geschichten über Jesus auch solche über Muhammad und zusätzlich zu den christlichen Festen zumindest Hinweise auf die intensiven Zeiten und auf die Feste im Islam.[149]

Dieses ganz natürliche Zusammenleben und vorreflexe interreligiöse Lernen bewirkt den Aufbau einer Grundeinstellung der Achtung und Toleranz bei Kindern, die für die Zukunft der multireligiösen Welt unabdingbar ist. Was im eigenen Haus an religiöser Erziehung vernachlässigt wird, kann hier teilweise nachgeholt werden. Andererseits haben Fehler und Verletzungen in diesem erzieherisch wichtigen Alter auch weitreichende Konsequenzen für den späteren Umgang mit anderen Kulturen und Religionen.

In der *Grundschule*,[150] wo mittlerweile Kinder verschiedenster Nationen und Religionen zusammen einen Klassenverband bilden, werden die im Vorschulalter erworbenen Einstellungen weiter eingeübt, vertieft und – entsprechend dem kindlichen Verständnisvermögen – bewußtgemacht. Die unterschiedlichen Verhaltensweisen der Kinder manifestieren familiär bedingte Sozialisationsformen und zugrundeliegende Wertvorstellungen, weshalb die Erziehungsverantwortlichen ein feines Gespür für differierendes Verhalten in bezug auf Kleidersitten, Speisevorschriften und Geschlechter entwikkeln müssen. Sich spontan ergebende Fragen[151] sind hier einfühlend zu beantworten, Ursachen dafür zu thematisieren und gegebenenfalls schwierige Situationen integrierend zu lenken. Nicht mehr unkommentiert, wenn überhaupt, sollte der bekannte Liedkanon *»C-a-f- f-e-e«*[152] eingeübt werden, da er negative Vorurteile gegenüber dem Islam enthält. Aufbauender sind Musik-Kassetten mit türkischen Kinderliedern und Kurzgeschichten.[153]

Interreligiöses Lernen kann *in Schule und Religionsunterricht* dann gelingen, wenn gelegentlich und situationsbezogen wichtige Elemente aus Leben und Glauben der Religionen aufgegriffen werden. Dabei soll in vergleichendem Vorgehen zunächst das Gemeinsame herausgearbeitet werden, um anschließend die Differenzen zu besprechen, etwa in bezug auf Bibel und Koran, das Gottesbild, die Propheten, das Gebet und das Fasten. Gemeinsame Besuche von Kirchen und Moscheen mit Vorbereitung, Gespräch mit einem Priester und Imam sowie Nachbereitung[154] können zu nachhaltigen Erlebnissen werden. Direkte interreligiöse Begegnungen sind ferner durch Gespräche mit einem älteren Schüler oder einer älteren Schülerin der je anderen Religion denkbar. Sie können aus ihrer Kultur und Religion erzählen, Fragen beantworten und dadurch verständnisvolles Zusammenleben fördern. Als spannend und hilfreich in diesem Alter haben sich erzählte Lebensgeschichten von Gastarbeiterfamilien erwiesen und auch das Modellernen an Leitbildern wie *Ruth Pfau*[155] und *Mutter Teresa*.

Diese Anstöße für lebendige interreligiöse Begegnungen können und sollen im *Sekundarbereich I* und in der Hauptschule

ausgebaut werden. Da es sich um eine von Umbrüchen ge-
kennzeichnete Schulstufe handelt, empfehlen sich hier neue
kreative und handlungsorientierte Lernformen wie Projektunterricht, produktorientiertes und interdisziplinäres Lernen.
Die folgenden Vorschläge habe ich im gymnasialen Unterricht erprobt: Einen Tag mit Schülern in einem Asylbewer-
berheim verbringen mit gemeinsamen Mahlzeiten und Aus-
sprachen; am »Tag der Ausländer« verschiedene Menüs an-
bieten; ein interreligiöses Gebet mit Lesungen, Gebets- und
Liedbeiträgen aus verschiedenen Religionen und Ländern
durchführen und eine Ausstellung zum Thema »Ein Gott –
viele Religionen« veranstalten. Der Vollzug dieser Aktionen
knüpft mannigfache interreligiöse Kontakte und fördert das
gegenseitige Verständnis. Für die Jugendlichen kann es le-
bensbedeutsam sein, sich auf diesem Wege der *Gottesfrage* und
dem Problem der vielen Götzen zu stellen.

Der *Religionsunterricht* auf dieser Stufe vermittelt in der Regel
eine systematische Einführung in den Islam,[156] freilich durch-
setzt mit Reiseberichten, Diskussionsbeiträgen über religions-
politische Tagesfragen und Besuchen von Moscheen und Koranschulen, gegebenenfalls mit Teilnahme an Gebetsgottes-
diensten. Eine neue stufenspezifische Auseinandersetzung mit
dem eigenen, persönlichen Glauben kann in Gang gebracht
werden.

Neben den Anstößen für interreligiöses Lernen, die bis jetzt
vorgetragen wurden, bietet die *Sekundarstufe II*, besonders die
Leistungskurse der Kollegstufe, Möglichkeiten exemplari-
schen und vertiefenden Lernens zu Spezialthemen, wie Gottesfrage, die Bedeutung Jesu und Muhammads, Marias und
der Propheten in Bibel und Koran, Vergleiche der Geschlech-
terrollen und Erziehungsfragen in den Religionen, Analyse
von Gebetstexten beider Religionen, ausgewählte Kapitel aus
der Geschichte von Islam und Christentum sowie Einführungen in die religiöse Kunst, Literatur und Architektur. Auch auf
dieser Stufe sollte das Begegnungslernen Vorrang haben. Falls

möglich, sind Klassenfahrten und Schüleraustausch zu unterstützen.

Schließlich ist zum interreligiösen Lernen *Erwachsener*, trotz der Reisemöglichkeiten und sozialer Massenkommunikationsmittel, auf die verschiedenen Hemmschwellen und Berührungsängste hinzuweisen. Ein solidarisches und vorurteilsfreies Miteinander ist das Ziel des Lernprozesses Christen – Muslime, obwohl einerseits Muslimen Intoleranz gegenüber Christen in muslimischen Ländern vorgeworfen wird und andererseits Muslime in Europa eine zweite Kolonialisierung durch das Christentum befürchten. Dennoch mehren sich die Kontakte zwischen Christen und Muslimen in Europa, angefangen bei Regelungen bezüglich Kindergarten und Schule über notwendige Begegnungen in Einkaufsläden und Gaststätten bis hin zu Freundschaften und Ehen. Wir stehen hier am Anfang eines Weges, der Achtung und Toleranz verlangt und auf dem es offensichtlich kein Zurück gibt.

5. Lernprozeß Christentum –
Fernöstliche Religionen

In einer Zeit des engeren Zusammenrückens der Völker und der weltweiten Kommunikation kann und soll interreligiöses Lernen auch zwischen Christen und Hindus und zwischen Christen und Buddhisten geschehen. Häufiger als früher begegnen Europäerinnen und Europäer – direkt oder indirekt – fernöstlichen Religionen und lassen sich von deren Lebensweisheit inspirieren: auf Reisen, die freilich nur Privilegierten offenstehen; durch Besucher aus diesen Ländern bei uns; durch Immigration von Asylbewerbern und Asylbewerberinnen und durch Fremdarbeiter und Fremdarbeiterinnen. Es gibt Schüler- und Studentenaustausch zwischen europäischen und fernöstlichen Ländern, unzählige Berichte in den Printmedien und über audiovisuelle Kommunikationskanäle. Nicht wenige Europäer lassen sich auf ihrer Suche nach sinnvollen Lebensformen anregen durch fernöstliche Meditationstechniken (Yoga, Zen) oder machen Anleihen bei den neuen Jugendreligionen der Hare-Krishna-Bewegung, der transzendentalen Meditation, der Vereinigungskirche[157] oder den Bewegungen des Bhagvan Raineesh und des Sri Chinmoy,[158] welche aber nicht mit den klassischen asiatischen Religionen verwechselt werden dürfen.

Reinhart Hummel spricht in bezug auf den Buddhismus gar von einer Trendreligion mit großer Popularität.[159] Die Ursachen der Faszination erblickt er im Fremdartigen und Exotischen dieser Religion, die eine dogmenlose Alternative zum Christentum darstellt, in ihrer Vorliebe für das Paradoxe und in ihrer Kultur der Stille als Gegengewicht zu westlichen Streßerscheinungen. Der Buddhismus ist nicht allein durch die ca. 40.000 asiatischen Buddhisten in Europa auffällig präsent, sondern auch durch Filme wie »Little Buddha« von Bertolucci oder »Die Reinkarnation des Khensur rinpoche«. Darüber hinaus geht vom 15. Dalai Lama, dem Oberhaupt des tibetanischen Buddhismus, eine charismatische Ausstrahlung aus, die durch den gewaltlosen Kampf für sein unterdrücktes Volk, vor allem aber auch durch seine Toleranz und tiefe Menschenliebe große Überzeugungskraft erhält. (Dalai Lama versteht die Nächstenliebe gleichsam als »universelle Religion«.)

Eine tiefere Auseinandersetzung mit dem Hinduismus und Buddhismus zeigt die Andersartigkeit und Fremdheit, die unterschiedlichen Erfahrungsstrukturen und Deutekategorien. Hier sollen einige Hinweise auf die Wesensmerkmale dieser Weltreligionen gegeben werden, um interreligiöse Kontakte vorzubereiten. Die Begegnung mit ihnen wird bei allen Differenzen auch Gemeinsamkeiten mit dem jüdisch-christlichen Glauben des Abendlandes an den Tag bringen und das westliche Selbstverständnis sowohl bereichern als auch in Frage stellen. Blicken wir zunächst auf das gegenseitige Verhältnis von Christentum und fernöstlichen Religionen zurück, wie es sich in der Vergangenheit ausgestaltet hat:

5.1 Frühere Beziehungen zwischen den christlichen Kirchen und dem Hinduismus und Buddhismus

Obwohl bereits der *Kirchenvater* Hieronymus (347 – 420) ausdrücklich Buddha erwähnt hat[160] und im Mittelalter die Buddha-Legenden sowie indische Fabeln kursierten, gelangten genauere Kenntnisse über die fernöstlichen Religionen erst durch die Reisebeschreibungen zu Beginn der Neuzeit in den Westen. Die frühe Kirche sah in den damals bekannten Weltreligionen zwar noch »Heiden«, die oft mit allerlei Aberglauben behaftet waren (Idolatrie, Wahrsagerei, Magie, Dämonismus). Aber bereits Augustinus billigte ihnen gewisse »Wahrheiten«, »einige nützliche Sittenvorschriften« und *Spuren* der Gottesverehrung zu.[161] Diese dürfen und sollen die Christen insoweit gebrauchen, als sie den am Evangelium orientierten Glauben stützen. Alles andere könne schaden und solle entfernt werden. Denn viel kostbarer als »Gold und Silber der Ägypter« sei der wahre Schatz der heiligen Schrift.[162] Das Bewußtsein vom Wahrheitsanspruch des christlichen Glaubens brachte als Kehrseite der Medaille eine gewisse *Abwertung* fremder Glaubensweisen mit sich.

Weder *Martin Luthers* Kleiner Katechismus (1529) noch sein Großer Katechismus (1530), noch der Heidelberger Katechismus (1563) von *Zacharias Ursinus*, weder die Summa doctrinae christianae in ihren drei Ausgaben (1555, 1556 und 1559) von *Petrus Canisius* noch der Römische Katechismus (1566) des Konzils von Trient lassen Kenntnisse über Hinduismus und Buddhismus ausmachen. Denn all diese katechetischen Lehrbücher beschränkten sich auf die Darlegung der vier »Hauptstücke« (Credo, Dekalog, Sakramente und Gebet), die vor allem aus der Bibel und der Tradition – gleichsam ad intra – erläutert werden.

Im 17. Jahrhundert war es vor allem der ökumenisch offene Pädagoge *Amos Comenius* (1592 – 1670), der, entsprechend seines Ziels der universalen Bildung, die Schüler elementar mit den Weltreligionen vertraut machte. In seiner »Weltkunde« beschreibt er nach einem damals üblichen Raster die Heiden, Juden und Muslime, dann die tier- und pflanzenverehrenden Ägypter und schließlich die Inder, welche *»noch heutzutag an den Teuffel glauben«.*[163] *Comenius* versteht diese »Weltreligionen« allerdings als Missionsobjekte. Bildlich betrachten die Europäer, worunter er die Christen versteht, wie die Asiaten, Afrikaner und andere Völker in ihren Barken auf dem Weltozean des Verderbens hin- und hertreiben, – und sie werden gegenüber den Christen auch geringer eingeschätzt. Aber zu seiner realistischen Weltkunde gehören alle Völker und ihre Religionen dazu.

Die *Aufklärung* vertiefte die universalgeschichtliche Betrachtungsweise und ordnete das Christentum in das Gesamt der Weltreligionen ein. Daraus ergaben sich eine Relativierung des christlichen Absolutheitsanspruchs und das Gedeihen der Toleranzidee. Bis heute wird in der Schule und im Religionsunterricht die Ringparabel aus Lessings »Nathan der Weise« behandelt, die keine der Weltreligionen für absolut wahr hält, jede aber dazu fähig, durch Taten der Liebe das sittlich-religiöse Leben zu fördern.

Während sich evangelischerseits der Religionsunterricht im 19. Jahrhundert bereits mit dem Buddhismus beschäftigte, kamen Hinduismus und Buddhismus im katholischen Religionsunterricht bis Mitte des 20. Jahrhunderts nur am Rande vor. Es ist wiederum das Verdienst von *Alfred Läpple* und *Fritz Bauer*, daß sie im Religionsbuch »Christus – die Wahrheit« (1960; [12]1978) erstmals die Weltreligionen im Vergleich dargestellt haben. Einige werden aus ihren eigenen Quellen erschlossen. Zwar gelten diese Religionen nicht als eigenständige Größen, sondern lediglich als *Vorstufen* zur einzig wahren christlichen Religion. Die Vielgestaltigkeit des *Hinduismus* wird als »Dschungel von Religionen«[164] (dis-)qualifiziert und sein Selbstverständnis am Beispiel des Mahatma Gandhi verdeutlicht. Die Verstoßung der Parias, so *Läpple*, sei eine schwere Verirrung[165] dieser Religion. Der *Buddhismus* als atheistische Selbsterlösungslehre wird kontrastiert mit dem Christentum und seiner Erlösung durch Gottes Gnade in Christus. Und die »mangelhafte« Vorstellung des Nirwana als Auslöschen der Persönlichkeit finde im christlichen Verständnis der Verklärung des Leibes und der Vereinigung mit Gott ihr eigentliches und richtiges Pendant.

Wie bereits angesprochen, hat das *Zweite Vatikanische Konzil* die Weltreligionen und die entsprechenden Glaubenserfahrungen erstmals positiv in den Blick genommen.[166] Außer Judentum und Islam werden Hinduismus und Buddhismus, wenn auch kurz, so doch in wesentlichen philosophischen und spirituellen Grundlagen dargestellt. Diese Weltreligionen erscheinen nicht mehr als Heidentum, auch nicht unter missionarischer und apologetischer Rücksicht, sondern unter dem Blickpunkt der gemeinsamen Aufgabe der Völkergemeinschaft, »Einheit und Liebe unter den Menschen und damit unter den Völkern zu fördern« (Nostra aetate, Nr. 1). Von den verschiedenen Religionen wird positiv ausgesagt, daß sie Antworten auf die »ungelösten Rätsel des menschlichen Daseins« (Nr. 1) geben, daß sie die Sinnfrage zu beantworten und Grunderfahrungen wie Leid, Glück und Tod zu bewältigen versuchen und daß sie »der Unruhe des menschlichen Herzens« durch »Lehren, Lebensregeln sowie auch heilige Riten begegnen«. Die Konzilsväter haben mit Ernst und Achtung anerkannt, was in diesen Religionen »wahr und heilig« ist (Nr. 2). Dabei wollten sie diese Religionen nicht erschöpfend darstellen, sondern auf mögliche Anknüpfungspunkte für den interreligiösen Dialog hinweisen.

Der »*Katechismus der Katholischen Kirche*« (1993) spricht über die nichtchristlichen Religionen im ersten »Hauptstück«, näherhin bei der Erläuterung der Eigenschaften der Kirche.

Hinduismus und Buddhismus werden nicht ausdrücklich erwähnt, sondern unter die nichtchristlichen Religionen subsumiert. Ihnen sind mit Bezug auf Nostra aetate (Nr. 1) und Lumen gentium (Nr. 16) Ursprung und Ziel in Gott gemeinsam; sie erkennen Gott »*in Schatten und Bildern*«, ihr »*Wahres und Gutes*« ist eigentlich eine »*Vorbereitung auf die Frohbotschaft*« (Katechismus der katholischen Kirche, Nr. 843). »*Um alle seine Kinder, die die Sünde voneinander getrennt und in die Irre geführt hat, von neuem zu vereinen, wollte der Vater die ganze Menschheit in die Kirche seines Sohnes berufen*«, die mit Bildern der Kirchenväter als Schiff im Sturmwind des Heiligen Geistes (Ambrosius) und als Arche Noahs in der Sintflut geschildert wird (Nr. 845).

Im Zusammenhang mit der Erläuterung der Mission hat die Kirche nach dem neuen Katechismus den Auftrag des »*respektvollen Dialogs mit denen, die das Evangelium noch nicht annehmen*« (Nr. 856). – Bei allen Zitaten des Konzils und mit Rücksicht auf die unterschiedliche literarische Gattung von Konzilstexten und Katechismus stellt sich hier doch die Frage, wie treu der Geist des Konzils in seiner Neubestimmung des Verhältnisses zu den nichtchristlichen Religionen aufgenommen wurde.

5.2 Kennzeichen des Hinduismus aus christlicher Sicht[167]

Vorausgeschickt sei die Beobachtung, daß sich *Sprache* und *Denken* im Hinduismus bzw. in den Hindu-Religionen markant von christlichen Ausdrucksformen unterscheiden, die wesentlich von der abendländischen Kultur geprägt sind. An die

Stelle eines geschichtlichen tritt ein zyklisches Denken, welches die Geschichte als ewige Abfolge von Weltzeitaltern ohne Ausrichtung auf eine Letztgültigkeit versteht. Statt eines möglichst kohärenten (widerspruchsfreien) Redens übt der Hinduismus ein inklusivistisches und relativierendes Sprechen, das durchaus Widersprüche zu integrieren vermag.

Historisch geht der Begriff Hinduismus auf »*Die Leute am Indus*« zurück. Gemeint waren die von den Persern wahrgenommenen Arier, die sich um die Mitte des zweiten vorchristlichen Jahrtausends am heiligen Fluß niederließen. Heute bezeichnet »Hinduismus« eine Vielzahl von Religionen auf dem indischen Subkontinent, die sich von volkstümlichen polytheistischen Vorstellungen mit mythologischen, philosophischen und religiösen Elementen zu vermehrt monotheistischen Religionen gewandelt haben.

Am Beginn dieser Religion steht weder eine markante charismatische Stifterperson noch charakterisiert sie heute ein Ensemble von dogmatischen Lehrsätzen. Ihre Grundlagen sind göttlich inspirierte, in Sanskrit abgefaßte heilige Bücher (Veden, Upanishaden, Puranas, die Bhagavad-gita und das Epos Mahabarata). Dem zyklischen Weltbild entspricht der Glaube an die Reinkarnation im Sinne einer Wiedergeburt, einer Wiederverkörperung und Seelenwanderung. Damit verbunden ist mehrheitlich eine Selbsterlösungslehre, verstanden als Befreiung von Begierde und Leidenschaft.

Ziel der Hindu ist nicht Subjektwerdung, sondern das Eintauchen in die Geschichte, Tradition und Ordnung der Dinge. Das ganze Leben steht im Zeichen der Achtung vor aller Kreatur und ist ausgerichtet auf Brahman, ein jenseitiges, apersonales Absolutes. Überzeugt vom Vorrang des Geistigen vor dem Materiellen, respektieren alle Hindu-Religionen die soziale Struktur des Kastenwesens, welches die Menschen nach dem Kriterium der Reinheit in verschiedene Stände einteilt: die Brahmanen oder Priester; die Adeligen und Krieger mit der Zuständigkeit für Staat und Recht; die Bäuerinnen und

Bauern sowie Händler mit der Verantwortung für die Wirtschaft und die Handwerker und die in den Dienstleistungen Tätigen.

Unterhalb rangieren die Kastenlosen. Trotz mehrfacher Angriffe monotheistischer Religionen auf das Kastenwesen hat dieses eine stabilisierende Wirkung und eine große Anpassungsfähigkeit bewiesen. Bezeichnend für die Hindu-Religionen ist das Selbstverständnis des Bettlers, der alles vom absoluten Brahman erwartet: Gesundheit und langes Leben; Sieg, Reichtum und Nachkommen; Sündenvergebung und das Eingehen in die Himmelswelt. *»Der Hinduismus ist der Gesamtausdruck der Religiosität eines Volkes, dessen lange Geschichte ein uneingeschränktes Suchen nach Gott gewesen ist und dessen ganzes Denken durch die Ausrichtung auf eine jenseitige Welt und den Primat des Geistes charakterisiert ist.«*[168]

Im 19. Jahrhundert hat sich unter dem Einfluß der Engländer und christlicher Missionare der *Neohinduismus* herausgebildet.[169] Im Bemühen um die Konkurrenzfähigkeit dieser Religion mit dem Christentum haben sich einige Gelehrte, vor allem aus der Oberschicht, neu mit den literarischen Quellen befaßt, altindische Kulturdokumente aufgegriffen, den Glauben von Idolatrie befreit und stärker dem Monotheismus angenähert. Das daraus entstandene neue religiöse Bewußtsein trug dazu bei, den Hinduismus als gestaltende Kraft für die Unabhängigkeitsbewegung und die 1947 erfolgte Bildung der Indischen Union zu verstehen. Obwohl der Neohinduismus vorwiegend obere Schichten erfaßt hat und von einer breiten Volksbewegung nicht gesprochen werden kann, hat er meinungsbildende Wirkung und politische Relevanz.

5.3 Merkmale des Buddhismus[170]

Weil der Buddhismus auf dem Boden des Hinduismus entstanden ist, weist er zahlreiche Gemeinsamkeiten mit ihm und damit auch entsprechende Unterschiede zum Christentum auf. Dies betrifft besonders das zyklische Denken, den Daseinskreislauf und die Wiedergeburt. Ein eigenständiges Profil indessen hat er aufgrund der prägenden Stifterperson entwickelt sowie durch seine Konzeptionen des Selbst und des Nirvana.

Siddharta Gautama wurde um 560 vor Christus bei Lumbini an der nepalesisch-indischen Grenze in der Adelsfamilie der Sakyas geboren. Doch nicht das vom Vater vorbereitete, behagliche und erfolgversprechende Leben wählte er, sondern, wie bereits frühere brahmanische Asketen, ein Leben im Zeichen des Exodus. Mit 29 Jahren verließ er Haus und Familie, um durch Askese und Einsicht zur Erlösung zu gelangen. Seine Begegnungen mit Krankheit, Armut, Alter und Tod haben zwar legendarischen Charakter, dürften aber dennoch viel von seinem inneren Wesen verraten.

Im siebten Jahr seines Auszugs und nach verschiedenen Versuchen wurde ihm vollkommene Erleuchtung zuteil. Er wurde Buddha, der Erleuchtete. Von nun an zog er predigend durch Nordindien und dies während vierzig Jahren, bis er um 480 vor Christus starb und ins Nirvana einging.

Das oberste *Ziel* der Verkündigung Buddhas betraf die Befreiung vom Leiden. Der ursprüngliche Inhalt seiner Predigt bezog sich auf die vier heiligen oder edlen Wahrheiten:

a) Alle Formen des Daseins sind leidvoll.

b) Das Leiden entsteht durch Gier oder den »Durst« nach Dasein.

c) Das Leiden kann durch die Aufhebung der Gier überwunden werden.

d) Dazu dient der achtteilige Pfad.

Dieser Pfad umfaßt die rechte Erkenntnis der vier heiligen Wahrheiten, das sittliche Verhalten und verschiedene Meditationstechniken, die auf dem Weg zum Heil unentbehrlich sind. Ähnlich wie der Hinduismus, kennt der Buddhismus einen *Kreislauf des Daseins* mit möglichen Wiedergeburten, die nach dem Karma-Gesetz der Vergeltung gute Taten mit einer guten Existenz belohnen, böse indessen mit einer schlechten Existenz bestrafen. Im Unterschied zum Hinduismus besteht das Endziel des Buddhismus nicht im Eintauchen in das apersonale Brahman – der Buddhismus ist eine nicht-theistische Religion –, sondern in der endgültigen Befreiung aus diesem leidvollen Zyklus und im Eingehen in das Nirvana. Das Nirvana ist als Bereich absoluten Friedens und der vollendeten Freiheit vom Leiden zu verstehen und darf keineswegs nihilistisch gedeutet werden.

Der Buddhismus *organisiert sich* in Ordens- und Laiengemeinschaften. Besonders die Mönche befolgen eine strenge Ordensregel, die auf Buddha zurückgeht. Buddhistische Mönche wohnen in abgelegenen Tempeln, oft im Wald; sie kennen ein Noviziat, die Ordination zum Vollmönch, die unterbrochen und sogar aufgelöst werden kann, die öffentliche und private Beichte sowie den disziplinarischen Ausschluß aufgrund von Kapitalvergehen (Anmaßung der Vollkommenheit, Geschlechtsverkehr, Diebstahl, Mord).

Die Religion Buddhas *verbreitete sich* in Birma, Sri Lanka, Thailand, Laos und Kambodscha, in China, Japan, Korea, Tibet und in der Mongolei und umfaßt etwa 245 – 275 Millionen Mitglieder. Oft kam es zu Spaltungen und Gruppenbildungen, während mehrere Konzilien die Einheit wieder herzustellen versuchten. Unter dem kleinen Fahrzeug versteht man jene Schüler Buddhas, welche den ältesten kanonischen Schriften treu sind, unter dem großen Fahrzeug jene, welche spätere Schriften befolgen.

Vom modernen Buddhismus (*Neobuddhismus*) spricht man seit den öffentlichen Streitgesprächen in Sri Lanka im letzten

Drittel des 19. Jahrhunderts (ab 1865), die zwischen buddhistischen und christlichen Gelehrten stattgefunden haben. Hier wurde der ursprüngliche Glaube von gewissen mythologischen Vorstellungen befreit und – dem Hinduismus vergleichbar – konkurrenzfähig in bezug auf andere Weltreligionen. Das sich daraus ergebende neue Selbstbewußtsein spielte eine nicht zu unterschätzende Rolle in der Unabhängigkeitsbewegung. Im 20. Jahrhundert sind Tendenzen einer Politisierung des Buddhismus zu verzeichnen und der Versuch einer Synthese von Buddhismus und Marxismus.

5.4 Impulse für die religionspädagogische Praxis[171]

Interreligiöses Lernen zwischen Christinnen und Christen sowie Angehörigen fernöstlicher Religionen geschieht trotz angesprochener Schwierigkeiten am intensivsten und wirksamsten in der persönlichen *Begegnung*. Wenn die Hindernisse der Sprache und geographischen Distanz überwunden sind und Menschen verschiedener Religionen miteinander leben, sprechen, handeln und beten, kommen nachhaltige Lernprozesse in Gang, die zur Bereicherung und Klärung des eigenen Standpunktes führen. Zur Vorbereitung können die Schriften der Wegbereiter des Dialogs Christentum-Buddhismus (Pater *Lassalle*, Bruder *David Steindl-Rast*) verwendet werden.[172] Denkbar sind Begegnungen durch Aufenthalte von Christen in fernöstlichen Ländern, besonders in hinduistischen Ashrams oder in buddhistischen Tempeln,[173] wo ein sehr karger und meditativer Lebensstil gepflegt wird, oder in interreligiösen Dialogzentren (z.B. Tulana in Kelaniya/Sri Lanka; Dharmaram College in Bangalore; Vidyajyoti-Institut in New Delhi). Das gemeinsame Gespräch, Essen und Gebet vermitteln Einblick in das Selbstverständnis und die Lebenspraxis dieser Religionen. Umgekehrt können Christen hier Immigranten aus diesen Ländern und Religionen treffen und sich mit ihnen unterhalten, mit ihnen ein gemeinsames Fest feiern oder sich zu interreligiösen Gebeten versammeln. Gefragt sind in Europa Kurse für Zen- und Yogameditation, weil sie in der westlichen Zivilisation einem echten Bedürfnis entsprechen.

Im *Religionsunterricht* empfiehlt sich interreligiöses Lernen anhand der fernöstlichen Religionen wegen der recht hohen Anforderungen eher im Sekundarbereich, bei gegebenen Gelegenheiten aber auch schon früher. Vorangehen dürfte interreligiöses Lernen mit Juden und Muslimen. Anknüpfungspunkte sind Gespräche und Meditationsübungen, deren Hintergründe und verschiedene Techniken. Abgesehen von persönlichen Kontakten, sind indirekte Begegnungen über die Medien nicht zu umgehen. Zunächst wird man sich mit Bildern und Symbolen an diese Religionen herantasten, um später zu den Quellentexten vorzustoßen. Zu erkunden gibt es die Grundlehren und Denkweisen dieser Religionen, ihre Ethik und sozialen Strukturen, ihre Riten, Gottesdienste und Feste.

Auf der Kollegstufe und in der *Erwachsenenbildung* sind weiterführende Gesprächsbegegnungen mit vertieften Auseinandersetzungen möglich. Vor allem können der eigene Lebensstil, das Selbstverständnis und religiös-theologische Fragen einbezogen werden. Sprache, Weltbild und geschichtliches respektive zyklisches Denken sollen ebenso besprochen werden wie die Grunderfahrungen im Umgang mit Krankheit, Alter, Leid und Tod. Brennend sind die Fragen über das Weiterleben nach dem Tod, über Reinkarnation, Auferstehung und das Leib-Seele-Verhältnis. Ein Vergleich von buddhistischem Streben nach dem Nirvana und dem christlichen Gedanken der Hingabe kann ebenso spannend werden wie Vergleiche zwischen dem jeweiligen Verständnis von Mission und Absolutheit.

6. Auf dem Weg zu einem gedeihlichen Zusammenleben – Ausblick

Es ist nicht vermessen zu behaupten, die Christinnen und Christen Europas befänden sich erst am Anfang eines noch langen Lernweges mit den anderen Religionen. Zu lange waren die Beziehungen untereinander durch die Notwendigkeit mitbedingt, sich behaupten zu müssen, aber auch durch die Versuchungen des Kolonialismus und gar die Verfolgung und Unterdrückung. Was aus geschichtlichen Erfahrungen über Jahrhunderte gewachsen ist, läßt sich in kurzer Zeit nicht aufarbeiten und in die heute als richtig erkannten Bahnen lenken. Wenn sich nun Christen anschicken, diesen beschwerlichen Weg des gelebten Dialogs zu beschreiten, lautet ihre Devise: Der Weg ist das Ziel. Denn bereits kleine Schritte dialogischen Lernens tragen zu einem gerechteren, friedlicheren und ersprießlichen Zusammenleben bei.

Nachdem die drei vorangegangenen Kapitel (3, 4 und 5) die in Kapitel 2 formulierten Elemente einer »Didaktik der Religionen« für die Lernfelder Christen – Juden, Christen – Muslime und Christentum – Fernöstliche Religionen fruchtbar gemacht und immer wieder geschichtliche Schlaglichter eingeblendet haben, sollen nun im 6. Kapitel die Erträge und Folgerungen aus diesen Überlegungen eingebracht und in einen Ausblick in die Zukunft integriert werden.

Im ausgehenden zweiten Jahrtausend hat sich gezeigt, wie sehr die Völker mit ihren Kulturen und Religionen zusammenrücken und mehr denn je aufeinander angewiesen sind. Ein offenes Miteinander und ein solidarisches Füreinander erleichtern dabei allen Beteiligten das Tragen der täglichen Lasten in eben dem Maße, wie sie ein polemisches Gegeneinander schwerer macht. Gerade weil so lange gegeneinander gearbeitet wurde, gerade weil Vorbehalte gegenüber den Fremden und den Weltreligionen so hartnäckig andauern, und nicht zuletzt, weil sie nach wie vor zu gewaltsamen Übergriffen führen, bilden interkulturelles und interreligiöses Lernen vorrangige Zukunfts- und Erziehungsaufgaben für Schule, Religionsunterricht, Kirchen und Gesellschaft. Soll die nachwachsende Generation mit ihrem Hoffnungspotential und in ihrer bunten Farbigkeit zu einem religiös verwurzelten Leben finden, zu einem reflexiven Umgang mit den Fremden gelangen und die Koexistenz menschlich verträglich gestalten, dann sind gemeinsame Lernerfahrungen aus langfristigen, aufbauenden und spiralförmigen Lernprozessen unumgänglich. Zwar verunsichern konkrete Begegnungen mit andern im ersten Augenglick, aber sie sind offenbar weiterführend. Sie machen betroffen, fördern Vertrauen und lassen den anspruchsvollen Weg zu einem gedeihlichen, dialogischen Zusammenleben als lohnendes Abenteuer erscheinen.

6.1 Von »Objekten des Studiums« zu Kommunikationspartnern – Entgrenzung der Horizonte

Interreligiöses Lernen darf sich nicht weiterhin mit bloßem Textunterricht oder Lernformen mit audio-visuellen Medien, wie wichtig diese auch sind, begnügen.[174] Denn unbemerkt werden dort die Weltreligionen als »Objekte des Studiums« aus einer mehr oder weniger unbeteiligten Beobachtersituation dargestellt. Lebendiges Lernen zwischen den Religionen beginnt indessen mit einer Irritation, ausgelöst durch das Zusammentreffen vorerst einander unbekannter Menschen. Das Wagnis des Sich-Aussetzens bringt eine Unterbrechung des gewohnten Alltagsverlaufes mit sich. In der tastenden und von gegenseitigem Respekt getragenen Begegnung wird dem Fremden das Wort geliehen, seine Stimme gehört, sein Anliegen ernstgenommen. Das Zuhören in Offenheit ist begleitet vom Sich-Einfühlen in die Sicht und Selbstinterpretation des andern. Dies kann zu einer anfanghaften Verständigung führen, die erst durch den »Dialog des Lebens« heranreifen kann. Dadurch werden die eigenen Plausibilitäten hinterfragt; das bisherige Sinnsystem gerät unter Umständen ins Wanken und muß neu organisiert und ausbalanciert werden. In der Begegnung von Angesicht zu Angesicht können Fremde zu Kommunikationspartnerinnen und -partnern werden.

Die Begegnung bringt in aller Regel eine *Entgrenzung der Horizonte* mit sich. Das bisherige Leben, Denken und Handeln erfährt eine Entprovinzialisierung. Chancen zum wechselseitigen Austausch eröffnen sich. Freilich ist dabei zu beachten, daß weder Vereinnahmungen des andern noch Ideologisierung eines vielfältigen Zusammenlebens geschehen dürfen. Schon gar nicht soll eine Mehrheit ihre Kultur oder Religion einer Minderheit aufdrängen, sondern die anderen in ihrer Andersheit verstehen und würdigen.

Die Nationale Konferenz der Bischöfe Brasiliens hat für den christlich-jüdischen Dialog gewünscht, daß die jeweils anderen in ihrem eigenen Selbstverständnis zu beachten sind: »*Für den Dialog ist es unabdingbar, daß sich die Katholiken bemühen zu lernen, durch welche wesenhaften Elemente sich die Juden selbst definieren.*«[175] Grundsätzlich gilt für das gedeihliche Zusammenleben in Gerechtigkeit und Frieden das schlichte, vorbehaltlose JA zu dem neuen Nachbarn.

Das schließt *Kritik* notwendigerweise ein. Im Gespräch soll sie behutsam angebracht werden: Denn sobald eigennützige Interessen ins Spiel kommen (z.B. materielle oder ideologische), wird der interreligiöse Dialog gefährdet.

6.2 Für eine Ethik der alltäglichen Begegnung

Die ausgeführte Hauptthese dieser Schrift, daß nämlich interreligiöses Lernen vorrangig durch Begegnung geschieht, soll nun erweitert werden zu einer »Ethik der alltäglichen Begegnung« unter den Menschen überhaupt. Denn eine größere Achtsamkeit auf die »gewöhnlichen« Begegnungen erhöht sowohl die Selbst- wie die Fremdachtung. Sie erbringt mehr Lebensqualität und Gesundheit und kann nicht zuletzt als Konkretisierung des konziliaren Prozesses oder des in den Religionen vorhandenen Hauptgebotes der Nächsten- und Gottesliebe verstanden werden.

Vom Dialogiker *Martin Buber* (2.6) wurde die Erkenntnis aufgenommen, daß jeder Mensch auf Begegnung hin angelegt ist, dabei Selbstwert und Anerkennung erfährt und daraus Lebenssinn schöpft. Ein Leben ohne direkte Begegnungen muß über große spirituelle Reserven verfügen, will es nicht ohne Impulse bleiben und allmählich absterben. In den Begegnungen soll jedes autoritäre Gefälle egalitären und wechselseitigen Beziehungen Platz machen. Dabei sind die Menschen als »zweckfrei« zu verstehen und nicht als Nutzungsinstrumente.

Eine Ethik der alltäglichen Begegnung greift weiter den Gedanken von *Emmanuel Lévinas* (2.4) auf, wonach durch die Epiphanie des Antlitzes des Nächsten Verantwortung entsteht, die alle Beteiligten in die Pflicht nimmt. Diese Verantwortung wird besonders dann wirksam, wenn sich aus einer Anfangsbegegnung eine dauerhafte und verbindliche Beziehung entwickelt.

In der Tat wird die Bedeutung alltäglicher Begegnung oft unterschätzt. Wie viele Menschen leben von einem herzlichen Gruß, einer kleinen Geste oder einem guten Wort! – Begegnung schafft Gemeinschaft. Und Gemeinschaft weckt *Solidarität* in einer Zeit, in der Individualismus hochgeschätzt wird und nicht wenige von Einsamkeit bedroht sind.

Wenn die heranwachsende Jugend einen Sinn für die großen Religionen entfalten soll und dabei zu Begegnungen mit signifikanten Personen geführt wird, dann ist die Vorarbeit bzw. die Nacharbeit an den alltäglichen Begegnungen eine Voraussetzung oder Folge. Besondere Begegnungen können die alltäglichen gehaltvoller und belebender werden lassen, und umgekehrt.

In der religionsdidaktischen Diskussion zeichnet sich in jüngster Zeit eine *Abkehr vom Erziehungsbegriff* und eine *Hinkehr zum Beziehungsbegriff ab.*[176] Mit anderen Worten, Erziehung geschieht primär durch Beziehung, weniger durch Belehrung, mehr dialogisch und durch kommunikatives Handeln. Soll nun menschlicher Umgang in Würde gelernt werden und soll in einer religiösen Erziehung der Sinn für das Heilige im Leben wiederentdeckt werden, dann sind Begegnungen und daraus sich ergebende Beziehungen unabdingbar. In einer beziehungsarmen, oft kalten Welt geht es um die Einübung der Beziehungsfähigkeit im kleinen, wofür viele Jugendliche durchaus offen sind. *Wolfgang G. Esser* betrachtet die Beziehungsfähigkeit als *die* Aufgabe menschlicher Entwicklung und der sie fördernden religiösen Erziehung.[177]

6.3 In den *Anders*-Gläubigen die Anders-*Gläubigen* entdecken

Interreligiöses Lernen beginnt mit einer *Umkehr des Sehens* bzw. mit einer tieferen Wahrnehmung. Die andern sind nicht mehr als bloß vorhandene Objekte oder für unsere Interessen vorhandene Wesen zu konstatieren, sondern mit dem *»dritten Auge«* (*Hubertus* Halbfas), mit den Augen des Glaubens zu sehen. Wenn die Menschen aus der Tiefe des Glaubens betrachtet werden, sind sie als Geschöpfe Gottes, als originelle Einfälle des Schöpfers zu erkennen. *Martin Buber* entdeckt im Menschen einen »Durchblick zu Gott«; für *Emmanuel Lévinas* scheint das ewige Du Gottes durch jede Begegnung, und der Ordensgründer Benedikt erkennt im Gast Jesus Christus.

Daraus ergibt sich für das interreligiöse Lernen die *Folgerung*, daß die Andersgläubigen nicht mehr nur vordergründig in ihrer Verschiedenheit und Andersheit zu bestaunen sind, sondern daß sie vielmehr als Gläubige entdeckt werden. Gewiß vollziehen sie ihren Glauben auf besondere Weise. Aber es gilt, sie primär in ihrer Ausrichtung auf die Transzendenz wahrzunehmen, kurz: Die *Anders*-Gläubigen sind als Anders-*Gläubige* zu entdecken.

Wenn Christen Juden an der Klagemauer oder im Synagogengottesdienst miterleben, wenn sie Muslime in ihrer Ernsthaftigkeit während des Leib und Seele einschließenden Gebetsvollzuges sehen, wenn sie buddhistische Mönche meditierend erleben, wie können sie dabei übersehen, daß es sich um gläubige Personen handelt? Somit besteht ein Eckpunkt interreligiöser Lernvorgänge darin, zum Aha-Erlebnis zu gelangen: »Der oder die glaubt in ähnlicher Form wie wir selbst«! Daraus kann wiederum eine *neue Solidarität im Glauben* erwachsen.

6.4 Wer die andern versteht, beginnt sich selbst besser zu verstehen

Das tägliche, hautnahe Zusammenleben mit Gläubigen anderer Religionen soll mitnichten auf eine neue Mischreligion oder gar »Völkervermischung« zielen, sondern ein neues Selbstverständnis des Christseins entstehen lassen. Dieses berücksichtigt die pluralistische Situation und gibt sich Rechenschaft über die neuen Nachbarn im Lebensraum. Christsein darf sich nicht mehr mit einer binnenkirchlichen Perspektive oder einer interkonfessionellen Ökumene begnügen. Vielmehr definiert es sich konsequenterweise im Spiegel der koexistierenden Weltreligionen. Der eigene Glaube wird um so verstehbarer und lebbarer, je mehr er nach dem Verhältnis zu den anderen religiösen Orientierungen und Glaubensvorstellungen fragt. Durch die Auseinandersetzung mit anderen Glaubensweisen erscheint er in neuem Licht. Gemeinsames und Unterscheidendes werden erkannt, so daß sich eine neue christliche Identität herausbildet.

Wenn christliche Kinder beispielsweise von einer muslimischen Familie oder Gemeinde eingeladen werden, bemerken sie bald eine großzügigige und selbstverständliche Gastfreundschaft. Wenn sie ferner an ihren Festen teilnehmen dürfen, haben sie die Chance, Einblick in deren religiöse Traditionen zu erhalten. Daraus kann sich ein neuer Zugang zu den eigenen christlichen Festen ergeben. Das Verständnis der andern trägt dazu bei, sich selbst und seine Herkunft besser zu verstehen.

Die so praktizierte Hinwendung zu sich selbst über den Umweg zu den anderen eröffnet schließlich einen *neuen Zugang zu den fremden Anteilen der eigenen Person*. Der Respekt vor der Fremdheit ermöglicht die Annahme unverständlicher, dunkler Seiten im eigenen, persönlichen und sozialen Leben. Damit wirkt die Bejahung der andern positiv zurück auf die Selbstannahme.

6.5 Hinkehr zu den eigenen spirituellen Quellen

Der Ruf »Zu den Quellen« (*ad fontes*) ertönte bereits im ersten Drittel dieses Jahrhunderts. Damals sollte er Theologie und Glaubensleben aus der neuscholastischen und kasuistischen Umklammerung befreien und zu den ursprünglichen Quellen des Christentums führen: zu Jesus Christus, dem Herrn, König und Erlöser; zu Lektüre, Studium und Betrachtung der heiligen Schrift (Bibelbewegung); zu den Reichtümern der Kirchenväter und zur lebendigen Mitfeier der heiligen Geheimnisse in Liturgie und Sakramenten (Liturgische Bewegung).

Heute, gegen Ende desselben Jahrhunderts, muß dieser Ruf »Zu den Quellen« nochmals, gerade an das westliche Christentum ergehen, doch jetzt in einem anderen Ton. Die geistlichen Quellen, die dem christlichen Leben und Glauben Kraft verleihen, erscheinen neu *im Spiegel der Weltreligionen*. Sie lassen ihre Wasser vor dem weiten Welthorizont fließen, aus dem noch zahlreiche andere Quellen strömen.

Die Orientierung an *Jesus Christus*, dem Bruder und Erlöser, dem Gottessohn und Propheten, steht im Kontext anderer Propheten und maßgeblicher Gestalten in den Weltreligionen (z.B. *Muhammad, Buddha*). Ohne seinen absoluten Rang und seine Heilsfunktion in Frage stellen zu wollen, sind doch seine Konturen auch mit den Augen Andersgläubiger zu sehen.

Die *heilige Schrift* (mit ihren Traditionen) bleibt zweifellos maßgebliches Kriterium (norma normans) für das Leben der Kirche als Ganzer wie auch für die einzelnen Gläubigen; doch wissen sich Christen und Christinnen in der Lektüre und Meditation der Thora, den fünf Büchern Mose, mit den Juden, ihren älteren Geschwistern, in solidarischer Gemeinschaft. Schöpfungsgeschichte, Exodustradition sowie Gebote und eine Vielzahl von Gebeten sind beiden Religionen gemeinsam. Im Koran treffen sie überdies auf unzählige biblische Stoffe, die für alle drei abrahamitischen Religionen verbindlich sind. Ferner gibt es in der Sanskritliteratur und in den Veden der hinduistischen Religion strukturgleiche Erzählungen, die älter als die jüdisch-christlichen sind und zur Erschließung manch geheimnisvoller Stelle beitragen können. Sollen *Schriftmeditation und Kontemplation* zu frischen Quellen für das christliche Leben werden, können sie von anderen Religionen lernen. Sie sollen nicht zur Flucht vor Gemeinschaft und Politik mißbraucht werden; vielmehr können sie Widerstand gegen Technokratie und Konsumismus mobilisieren und ein Leben der Qualität und der Perspektive vermitteln. Der interreligiöse Kontext wirft *neues Licht auf die liturgische Praxis* in Gottesdienst und sakramentlichen Feiern. Christen sind nicht die einzigen, die sich in gemeinschaftlichem Gebet zum Lobpreis Gottes und zum Gedenken der Heilsereignisse versammeln. Alle bekannten Religionen verfügen über ausgeprägte gemeinschaftliche Gebetskulturen, zumeist in gottesdienstlichen Räumen (in Tempeln, Synagogen, Kirchen und Moscheen), oft auch im Freien. Sie loben den einen Gott, sie klagen vor ihm in vielen Sprachen und Vorstellungen. Sie feiern Initiations- und Passageriten und wissen sich dabei dem letztlich Unaussprechlichen gegenüber demütig und verantwortlich. – So hat das gemeinsame Gebet von Vertretern verschiedener Religionen (etwa in Assisi, Rom oder anderswo) große Symbolkraft, nicht nur für die anbrechende Einheit der Menschheit, sondern auch für das menschliche Dasein überhaupt; es kann nicht zuletzt die Christinnen und Christen zu vertiefter Gebets- und Gottesdienstpraxis anspornen.

Hinkehr zu den eigenen spirituellen Fundamenten kann sich ferner im Rückgriff auf den *geistlichen Reichtum großer Christen* ereignen. Die Gründerinnen und Gründer von Ordensgemeinschaften können spirituelle Impulse für die Bewältigung des Lebens mit seinen oft widersprüchlichen Anforderungen geben. *Aloysius Pieris* spricht von der franziskanischen Konzentration auf die Liebe, von der thomistisch-dominikanischen

Betonung des eingegebenen Wissens von Gott und von der ignatianisch-jesuitischen Spiritualität des Dienstes an der göttlichen Majestät.[178] Hinzuzufügen wären die benediktinische Spiritualität mit dem Vorrang des Hörens vor dem Handeln und der fruchtbaren Spannung von Gebet und Arbeit sowie die samaritanisch-diakonische Spiritualität neuerer Ordensgemeinschaften (z.B. des *Vinzenz von Paul*, der *Maria Ward* oder *Pauline von Mallinckrodt*). – Dabei soll nicht vergessen werden, daß das *Mönchtum* in vielen Religionen präsent ist und vor dem christlichen Mönchtum bereits im ägyptischen und asiatischen Raum existierte. Gemeinsam ist Ordensleuten, daß sie sich wie Bettler, gleichsam als Arme vor Gott, verstehen, die ihre ganze Zuversicht auf ihn lenken. Im östlichen Mönchtum ist eher die *weisheitliche Grundhaltung* vorherrschend, während im westlichen die *aktiv-affektiv- agapische Grundhaltung* dominiert.[179]

Ferner sei die *kosmische Spiritualität* erwähnt, die sowohl im Christentum als auch in fernöstlichen Religionen gepflegt wird. Sie lädt ein, nach Assisi zurückzukehren, wo *Franziskus* vor bald 800 Jahren in innigster Gemeinschaft und ehrerbietiger Vertrautheit mit der Natur lebte. Die kosmische Spiritualität griff in diesem Jahrhundert *Pierre Teilhard de Chardin* in seiner Vision vom kosmischen Christus, vom kosmischen Leib Christi, auf. Schon immer aber bildete sie eine zentrale Dimension hinduistischer und buddhistischer Spiritualität.

Auf diese Weise können die großen Religionen den Christen behilflich sein bei der Suche und Neuentdeckung ihrer eigenen geistlichen Quellen. In diesem Sinne spricht denn auch Jesus zur samaritanischen Frau, daß das Wasser zur sprudelnden Quelle wird, den Durst stillt und unvergängliches Leben schenkt (vgl. Joh 4,7-15).

Anmerkungen

1 *Johannes Lähnemann*, Weltreligionen im Unterricht. Fernöstliche Religionen (Teil I), Islam (Teil II), Göttingen 1986.

2 Vgl. in: ZKTh 112 (1990) 288-303; in: RpB 28 (1991) 41-55 und in: *Richard Schlüter* (Hg.), Ökumenisches und interkulturelles Lernen – eine theologische und pädagogische Herausfoderung, Paderborn/Frankfurt/M. 1994, 115-127.

3 *Alfred Läpple/Fritz Bauer*, Christus – die Wahrheit, München 1960; [12]1978.

4 *Peter Freimark* u.a. (Hg.), Große fremde Religionen, Hannover 1978; [2]1986.

5 *Karl-Heinz Dickopp*, Erziehung ausländischer Kinder als pädagogische Herausforderung. Das Krefelder Modell, Düsseldorf 1982. Vgl. *Georg Auenheimer*, Einführung in die interkulturelle Erziehung, Darmstadt 1990.

6 *Peter Fiedler*, Das Judentum im katholischen Religionsunterricht (Lernprozeß Christen Juden 1), Düsseldorf 1980.

7 *Ursula Reck*, Das Judentum im katholischen Religionsunterricht. Wandel und Neuentwicklung, Freiburg 1990.

8 *Michael Langer*, Zwischen Vorurteil und Aggression. Zum Judenbild in der deutschsprachigen katholischen Volksbildung des 19. Jahrhunderts (Lernprozeß Christen Juden 9), Freiburg 1994.

9 *Stephan Leimgruber*, Von der Verketzerung zum Dialog. Darstellung und Behandlung der Juden im christlichen Religionsunterricht, in: ZKTh 112 (1990) 288-303.

10 *Günter Biemer* (Hg.), Freiburger Leitlinien zum Lernprozeß Christen Juden. Theologische und didaktische Grundlegung (Lernprozeß Christen Juden 2), Düsseldorf 1981.

11 *Helga Kohler-Spiegel*, Juden und Christen – Geschwister im Glauben. Ein Beitrag zur Lehrplantheorie am Beispiel Verhältnis Christentum Judentum (Lernprozeß Christen Juden 6), Freiburg i. Br. 1991.

12 Vgl. *Hubert Frankemölle*, Jüdisch-christlicher Dialog. Interreligiöse und innerchristliche Aspekte, in: Catholica 46 (1992) 114-139.

13 Vgl. *Ernst Braunschweig* (Hg.), Antisemitismus – Umgang mit einer Herausforderung (FS zum 70. Geburtstag von *Sigi Feigel*) Zürich 1991.

14 *Ludwig Hagemann*, Christentum und Islam zwischen Konfrontation und Begegnung, Altenberge 1983. Bisher erschienen Quellentexte von *Petrus Venerabilis* (Altenberge 1985) und *Thomas von Aquin* (ebd., 1987), dazu eine Studie über *Nikolaus von Cues*, ebenfalls von *Ludwig Hagemann* (Altenberge 1983).

15 *Hans Zirker*, Islam. Theologische und gesellschaftliche Herausforderungen, Düsseldorf 1993; ders., Christentum und Islam. Theologische Verwandtschaft und Konkurrenz, Düsseldorf 1989, und mehrere Aufsätze in den »Stimmen der Zeit«.

16 *Josef Imbach*, Wem gehört Jesus? Seine Bedeutung für Juden, Christen und Moslems, München 1989; ders., Daß der Mensch ganz sei. Vom Leid, vom Heil und vom ewigen Leben in Judentum, Christentum und Islam, Düsseldorf 1991. Nach Abschluß des Manuskriptes sind folgende einschlägige Veröffentlichungen erschienen: *Johannes A. van der Ven/Hans-Georg Ziebertz* (Hg.), Religiöser Pluralismus und Interreligiöses Lernen, Weinheim 1994; *Ingrid Lohmann/Wolfram Weisse* (Hg.), Dialog zwischen den Kulturen. Erziehungshistorische und religionspädagogische Gesichtspunkte interkultureller Bildung, Münster 1994; *Karl-Josef Kuschel*, Streit um Abraham. Was Juden, Christen und Muslime trennt – und was sie eint, München/Zürich 1994; *Barbara Huber-Rudolf*, Noch im Wartestand. Die Diskussion um islamischen Religionsunterricht in Deutschland, in: HerKor 48 (1994) 580-584.

17 *Udo Tworuschka*, Die Geschichte nichtchristlicher Religionen im christlichen Religionsunterricht, Köln/Wien 1983. ferner: *Stephan Leimgruber*, Die Behandlung des Islam im christlichen Religionsunterricht, in: RpB 28 (1991) 41-55.

18 *Fritz Köster*, Religiöse Erziehung in den Weltreligionen Hinduismus, Buddhismus, Islam, Darmstadt 1986.

19 *Hans Zirker*, Interkulturelles Lernen – im Verhältnis zum Islam, in: RpB 28 (1991) 17-40; *Abdoldjavad Falaturi/Udo Tworuschka*, Der Islam im Unterricht. Beiträge zur interkulturellen Erziehung in Europa, Braunschweig 1992; *Ileane Heimberg*, Der Beitrag des RU an AHS zu interkulturellen und interreligiösen Themen der Ge-

genwart, in: CPB (1993) 174-178; ru 22 (1992) Heft 4 (Thema: Christen und Muslime – Mit den Augen des anderen sehen); *Stephan Leimgruber*, Lernprozeß Christen Muslime, in: *Richard Schlüter* (Hg.), Ökumenisches und interreligiöses Lernen, Paderborn/Frankfurt/M. 1994, 125-136.

20 *Johannes Lähnemann*, Weltreligionen im Unterricht, Teil II: Islam, Göttingen 1986.

21 *Johannes Lähnemann*, Weltreligionen im Unterricht, Teil I: Fernöstliche Religionen, Göttingen 1986.

22 Landesinstitut für Schule und Weiterbildung Soest (Hg.), Religiöse Unterweisung für Schüler islamischen Glaubens. 24 Unterrichtseinheiten für die Grundschule, Soest 1986; dass. (Hg.), Religiöse Unterweisung für Schülerinnen und Schüler islamischen Glaubens. 12 Unterrichtseinheiten für die Klassen 5 und 6, Soest 1991; dass. (Hg.), Wir besuchen eine Moschee, Soest 1994.

23 Vgl. *Johannes Müller* (Hg.), Flüchtlinge und Asyl. Politisch handeln aus christlicher Verantwortung, Frankfurt/M. 1990 (Lit.); *Beate Winkler*, Zukunftsangst Einwanderung, München 1992; *Namo Aziz*, Fremd in einem kalten Land. Ausländer in Deutschland, Freiburg 1992.

24 Vgl.: *Urs Altermatt*, Katholizismus und Moderne. Zur Sozial- und Mentalitätsgeschichte der Schweizer Katholiken, Zürich 1989; *Karl Gabriel*, Christentum zwischen Tradition und Postmoderne (QD 141), Freiburg 1992.

25 Eine komprimierte Geschichte der neueren katholischen Moraltheologie im deutschsprachigen Raum findet sich in meiner Schrift: Ethikunterricht an den katholischen Gymnasien und Lehrerseminarien der Schweiz, Freiburg/Schweiz 1989, 120-175.

26 Vgl. dazu die Arbeiten von *Hans Waldenfels*, etwa: Begegnung der Religionen, Theologische Versuche I, Bonn 1990 (Lit.).

27 *Nawin Chawla*, Mutter Teresa. Die autorisierte Biographie, München 1993, 224.

28 *Freddy Nietlispach*, Das Ende des Exportchristentums. Der Einfluß einer Neubewertung der nichtchristlichen Religionen auf die ›Bekehrung‹ in und seit dem II. Vaticanum, Bern/Frankfurt/M. 1977.

29 »Dann wird es nur eine Herde geben und einen Hirten« (Joh 10,16 c), gemeint ist die Gemeinschaft von Juden und Heiden. Vgl. Jer 23,3f; Ez 34,12-16; 37,21-24; Micha 2,12, wo die Wiedervereinigung der beiden Reiche Juda und Israel im Blick ist.

30 *Schalom Ben Chorin*, Dialogische Philosophie im Massenzeitalter. Das Erbe Bubers, Ebners und Rosenzweigs, in: Michael Langer/Anselm Bilgri (Hg.), Weite des Herzens – Weite des Lebens (FS für Abt Odilo Lechner), Regensburg 1989, 287-293; 292.

31 Ebd. 292; vgl. Art. Judenmission, in: *Jakob Petuchowski/Clemens Thoma*, Lexikon der jüdisch-christlichen Begegnung, Freiburg u.a. 1989, 187-192. Auch die päpstlichen Dokumente lehnen Proselytenmacherei bzw. Judenmission strikt ab (vgl. *Rolf Rendtorff/ Hans Hermann Henrix* (Hg.), Die Kirchen und das Judentum. Dokumente von 1945-1985, 120, 126, 15, 25, 668 f.

32 *Muhammad Salim Abdullah*, Was will der Islam in Deutschland? Gütersloh 1993, 34.

33 Ebd., 85-86.

34 Das Stufenmodell begreift die Religionen als Entwicklung vom einfachen natürlichen Glauben über die Weltreligionen bis hin zum »vollkommenen« Christentum (vgl. etwa *Alfred Läpple/Fritz Bauer*, Christus – die Wahrheit, München 1960).

35 *Hubert Frankemölle* weist zu Recht darauf hin, daß im interreligiösen Dialog unter theologischen Aspekten das Judentum nicht indifferent und gleichrangig unter die anderen Weltreligionen subsumiert werden kann (Jüdisch-christlicher Dialog). Interreligiöse und innerchristliche Aspekte, in: Catholica 46 (1992) 114-139; 118.

36 Vgl.: *Giancarlo Collet*, »Zu neuen Ufern aufbrechen«? »Redemptoris Missio aus missionstheologischer Perspektive, in: ZMR 75 (1991) 161-175.

37 Gleichzeitig behauptet die Enzyklika mit Bezug auf das Konzil, Christus selbst habe die Notwendigkeit von Taufe und Kirche für das Heil gelehrt. »Der Dialog muß geführt und realisiert werden in der Überzeugung, daß die Kirche der eigentliche Weg des Heiles ist und daß sie allein im Besitz der Fülle des Heilsmittel ist« (Nr. 55). Diese Aussage steht in Spannung zu den vorherigen Aussagen: »Die Kirche schlägt vor, sie drängt nichts auf. Sie respektiert die Menschen und Kulturen, sie macht Halt vor dem Heiligtum des Gewissens« (RM Nr. 39).

38 Die mißverständliche Aussage »Außerhalb der Kirche kein Heil« (Nr. 846) wird sofort abgeschwächt, indem die ohne ihre Schuld dem Evangelium Fremdgebliebenen davon ausgenommen werden.

39 *Walter Kasper* (Hg.), Absolutheit des Christentums (QD 79), Freiburg 1977; *Michael von Brück/Jürgen Werbick* (Hg.), Der einzige Weg zum Heil? Die Herausforderung des christlichen Absolutheitsanspruches durch pluralistische Religionstheologien (QD 143), Freiburg 1993.

40 *Petrus Canisius*, Summa doctrinae christianae, caput primum, Nr. 1.

41 *Karl Barth*, Kirchliche Dogmatik (München 1932), Zürich 1986, I/2, §17.

42 *Heinrich Döring*, Der Absolutheitsanspruch des Christentums, in: *Karl Müller/Werner Prawdzik* (Hg.), Ist Christus der einzige Weg zum Heil? Nettetal 1991, 89-130.

43 Vgl. z.B. Das Christentum und die nichtchristlichen Religionen, in: *Karl Rahner*, Schriften zur Theologie, Zürich 1962, V, 136- 158; Die anonymen Christen, in: ders., Schriften zur Theologie, Zürich 1986, VI, 545-554.

44 *John Hick*, Gott und seine vielen Namen, Altenberge 1985; *Leonard Swidler* (Hg.), Towards an Universal Theology of Religion, New York 1987; *Paul F. Knitter*, Ein Gott – viele Religionen. Gegen den Absolutheitsanspruch des Christentums, München 1988. *Reinhold Bernhardt* (Hg.), Horizontüberschreitung. Die pluralistische Theologie der Religionen, Gütersloh 1991; *Michael von Brück/Jürgen Werbick* (Hg.), Der einzige Weg zum Heil? Die Herausforderung des christlichen Absolutheitsanspruchs durch pluralistische Religionstheologien (QD 143), Freiburg 1993.

45 *Hans-Uwe Otto/Roland Merten* (Hg.), Rechtsradikale Gewalt im vereinigten Deutschland. Jugend im gesellschaftlichen Umbruch, Opladen 1993; *Karl Uwe Schnabel*, Ausländerfeindlichkeit bei Jugendlichen in Deutschland. Eine Synopse empirischer Befunde seit 1990, in: Zeitschrift für Pädagogik 39 (1993) 799-822; vgl.: *Roman Bleistein*, Gewalt aus Langeweile? in: Stimmen der Zeit 119 (1994) 1-2.

46 Vgl. die Beiträge von *Georg Hilger* und *George Reilly* (sowie *Rudolf Englert*) in: Dies. (Hg.), Religionsunterricht im Abseits? Das Spannungsfeld Jugend, Schule, Religion, München 1993; *Martina Blasberg-Kuhnke*, Nachdenken über religiöse Erziehung. Was tut sich gegenwärtig in der Religionspädagogik? in: HerKor 48 (1994) 252-257; *Erich Feifel*, Didaktische Ansätze in der Religionspädagogik, in: *Werner Simon/Hans-Georg Ziebertz* (Hg.), Bilanz der Religionspädagogik, Düsseldorf 1995.

47 Vgl. *Ottmar Fuchs*, Der Religionsunterricht als Diakonie der Kirche!?, in: KatBl 114 (1989) 848-855; *Jürgen Werbick*, Heutige Herausforderungen an ein Konzept des Religionsunterichts, in: RU 20 Jahre nach dem Synodenbeschluß (Arbeitshilfe 111), Bonn 1993, 35-76; 46 f.

48 Vgl. *Erich Feifel*, Religionsunterricht mit oder ohne Kirche?, in: TThZ 101 (1992) 262-280; 276.

49 Vgl. Religionsunterricht 20 Jahre nach dem Synodenbeschluß (Arbeitshilfe 111), Bonn 1993.

50 PSI (Hg.), Konfessionelle Religiosität. Chancen und Grenzen, Zürich 1989.

51 *Erich Feifel*, a.a.O. (Anm. 48), 268.

52 Vgl. *Erich Feifel*, Von der curricularen zur kommunikativen Didaktik, in: *Eugen Paul/Alex Stock* (Hg.), Glauben ermöglichen (FS für Günter Stachel) Mainz 1987, 21-32; *Monika Scheidler*, Christliche Communio und kommunikatives Handeln, Altenberge 1993, bes. 50-83.

53 Vgl. *Jürgen Lott* (Hg.), Religion – warum und wozu in der Schule? Weinheim 1992, bes. 407-420.

54 in: KatBl 117 (1992) 611-627; 615.

55 Ebd., 616.

56 Die folgenden Hinweise verdanke ich: *Michael Langer*, Gefährliche Erinnerung. Plädoyer für eine anamnetische Religionspädagogik, München 1993 (Mskpt).

57 Vgl. *Johann Baptist Metz*, Zukunft aus dem Gedächtnis des Leidens, in: Concilium 8 (1972) 399-407; ders; Kleine Apologie des Erzählens, ebd., 9 (1973) 334-341; ders., Im Angesicht der Juden. Christliche Theologie nach Auschwitz, ebd., 20 (1984) 382-389; ders., Glaube in Geschichte und Gesellschaft, Mainz 1977, 161- 194. Auf politischer Ebene hat in den Jahren 1984-94 Bundespräsident Richard von Weizsäcker durch seine erinnernden Reden viel zur Bewältigung und Integration der jüngsten Geschichte Deutschlands beigetragen.

58 Bei Kindern spricht man von »Fremdeln«, wenn sie in ungewohnter Umgebung und unter fremden Menschen eigenartig reagieren. *Johannes Lähnemann*, Fremde Menschen – Fremde Religionen, in: Werner Böcker / Hans-Günter Heimbrock (Hg.), Handbuch religiöse Erziehung II. Düsseldorf 1987, 496-507; *Ottmar Fuchs*, Die Fremden (Theologie der Zeit 4), Düsseldorf 1988; *Hajo Bücken* (Hg.), Das Fremde überwinden. Vom Umgang mit sich und anderen, Offenbach 1991; umfassend neuerdings: *Richard Schlüter*, Dem Fremden begegnen – eine (religions-)pädagogische Problemanzeige, in: ders. (Hg.), Ökumenisches und interkulturelles Lernen – eine theologische und pädagogische Herausforderung, Paderborn/Frankfurt/M. 1994, 27-53 (Lit.).

59 Vgl. dazu den aufschlußreichen Predigtband: *Michael Langer* (Hg.), Wir alle sind Fremde. Texte gegen Haß und Gewalt, Regensburg 1993.

60 »Gäste, die ankommen, empfange man alle wie Christus; weil er selber einmal sagen wird: Ich war fremd, und ihr habt mich aufgenommen. Allen erweise man die Ehre, die ihnen zusteht« (53, 1-2). Das ganze Kapitel 53 der Regel des heiligen Benedikt handelt »von der Aufnahme der Gäste«.

61 *Ruth Pfau*, Wenn du deine große Liebe triffst, Freiburg/Basel/Wien 1985; ^{2}1987; dies., Wohin die Liebe führt, Freiburg/Basel/Wien 1990.

62 *Stephan Strasser,* Jenseits von Sein und Zeit. Eine Einführung in Emmanuel Lévinas ›Philosophie‹ (Phänomenologica 78), Den Haag 1978; ders., Buber und Lévinas. Philosophische Besinnung auf einen Gegensatz, in: Revue international de philosophie 32 (1978) 512-525; *Thorsten Habbel,* Der Dritte stört. Emmanuel Lévinas – Herausforderung für Politische Theologie und Befreiungsphilosophie, Mainz 1994 (Lit.).

63 *Emmanuel Lévinas,* Die Spur des Anderen. Untersuchungen zur Phänomenologie und Sozialphilosophie, übersetzt und eingeleitet von Wolfgang N. Krewani, Freiburg/München 1983; ³1992, 30.

64 Ebd., 26.

65 *Emmanuel Lévinas,* Humanismus des anderen Menschen, übersetzt und eingeleitet von Ludwig Wenzler, Hamburg 1989, 136; *Michael Kirchner,* Das Antlitz des Kindes. *Janusz Korczak* und *Emmanuel Lévinas* parallel gelesen, in: Pädagogische Rundschau 47 (1993) 591-600.

66 Ebd., 136.

67 *Johann Baptist Metz,* Die Eine Welt als Herausforderung an das westliche Christentum, in: Una Sancta 44 (1989) 314-327; vgl. *Franz Xaver Kaufmann/Johann Baptist Metz,* Zukunftsfähigkeit. Suchbewegungen im Christentum, Freiburg 1987, 120.

68 *Bernhard Grom,* Kultur der Selbstachtung, in: Stimmen der Zeit 119 (1994) 73-74.

69 *Martin Buber,* Ich und Du. Werke I. München 1962, 408. Zum neueren Diskussionsstand der Rezeption Martin Bubers vgl.: *Christian Schütz,* Art. Buber, Martin (1878-1965), in: TRE, VII, Berlin 1981, 253-258 (Lit.); vgl. *Thorsten Habbel,* Der Dritte stört, Mainz 1994, 46-67 (Kapitel: Das dialogische Prinzip Martin Bubers).

70 »In Demut bitten wir Gott und die getrennten Brüder um Verzeihung, wie auch wir unseren Schuldigern vergeben« (UR, Nr. 7).

71 *Karl Rahner,* Hierarchie der Wahrheiten, in: ders., Schriften zur Theologie XV, Zürich 1983, 163-168; 166.

72 Die Anwendbarkeit der ökumenischen Dialogregeln auf das interreligiöse Lernen liegt auch deshalb auf der Hand, weil im Konzilsverlauf die »Erklärung über die Juden« zeitweise im Ökumenismusschema untergebracht war.

73 *Yvonne Steinmann*/SRK (Hg.), Mitten unter Euch. Texte von Ausländerkindern aus dem Deutschunterricht, Zürich 1993, 22-23.

74 Ebd., 10-11.

75 *Jürgen Micksch* stellt folgende Maßnahmen einer interkulturellen Politik zur Debatte: Zulassen der doppelten Staatsbürgerschaft, Familienzusammenführung, Wahlrecht, interkulturelle Pädagogik

in Kindergarten und Schule, Sprachausbildung, Gewährung von Selbstorganisation, Beseitigung von Migrationsursachen und Öffenlichkeitsarbeit (ders., Interkulturelle Politik statt Abgrenzung gegen Fremde, Frankfurt 1992).

76 Eine nutzbringende Handreichung mit Texten aus verschiedenen Religionen, Fragen und Anregungen für Schule, Erwachsenenbildung und Gemeinde: bei *Ulrike Berger/Michael Mildenberger* (Hg.), Keiner glaubt für sich allein. Theologische Entdeckungen im interreligiösen Dialog. Ein Studienbuch, Frankfurt/M. 1986.

77 *Walter J.* Hollenweger, Geist und Materie (Interkulturelle Theologie III), München 1988, 266-269.

78 Vgl. *Hans Küng*, Projekt Weltethos, München/Zürich 1990.

79 *Ernst-Ludwig Ehrlich*, Dialog zwischen Juden und Christen, in: Ökumene Lexikon, Frankfurt [2]1987, 263-266.

80 *Franz Mussner*, Traktat über die Juden, München [2]1988, 16.

81 Am 17.November 1980 formulierte Johannes Paul II. diese Tatsache mit folgenden Worten:»Die erste Dimension dieses Dialoges, nämlich die Begegnung zwischen dem Gottesvolk des von Gott nie gekündigten Alten Bundes, ist zugleich ein Dialog innerhalb unserer Kirche, gleichsam zwischen dem ersten und zweiten Teil ihrer Bibel« (*Rolf Rendtorff/Hans Hermann Henrix* (Hg.), Die Kirchen und das Judentum. Dokumente von 1945-1985, Paderborn [2]1989, 75).

82 *Johannes Hofinger*, Geschichte des Katechismus in Österreich von Canisius bis zur Gegenwart, mit besonderer Berücksichtigung der gleichzeitigen gesamtdeutschen Katechismusgeschichte, Innsbruck/Leipzig 1937, 1-4; *Friedrich Trzaskalik*, Studien zur Geschichte und Vermittlung des katholischen Katechismus in Deutschland, Köln/Wien 1984, 39-52.

83 *Friedericus Streicher* (Hg.), S. Petri Canisii Catechismi latini et germanici, editionem criticam, Romae/Monachii 1933, 6.

84 Ebd., 6-9.

85 Catechismus ex decreto Concilii Tritentini ad parochos Pii V. iussu editus, Romae 1566 (lat. editio Bassani 1825; dt. Ausgabe Kirchen /Sieg 1970).

86 Pars 1, caput V, quaestio XI.

87 *Joseph Deharbe*, Katholischer Katechismus oder Grundbegriff für die Jugend sowohl als für Erwachsene, Regensburg [4]1848, 13.

88 Ebd., 31.

89 Vgl. *Friedrich Trzaskalik*, a.a.O. (Anm.82), 110-131; *Stephan Leimgruber*, Ethikunterricht an den katholischen Gymnasien und Lehrerseminarien der Schweiz. Analyse der Relgionsbücher seit Mitte des 19. Jahrhunderts, Freiburg/Schweiz 1989, 248-256.

90 *Josef Burkard Leu*, Gieb Rechenschaft von deinem Glauben. Religionsvorträge für Studierende an Lyceen und oberen Gymnasien und jeden gebildeten Christen, Luzern 1855, 136.

91 *Ursula Reck*, Das Judentum im katholischen Religionsunterricht, Freiburg 1990, 213-221.

92 Vgl. *Hubertus Halbfas*, Wurzelwerk. Geschichtliche Dimensionen der Religionsdidaktik, Düsseldorf 1989, 77-137.

93 »Laßt uns auch beten für die Juden, zu denen Gott, unser Herr, zuerst gesprochen hat: Er bewahre sie in der Treue zu seinem Bund und in der Liebe zu seinem Namen, damit sie das Ziel erreichen, zu dem sein Ratschluß sie führen will« (Meßbuch [48]).

94 »Wir erkennen nun, daß viele, viele Jahrhunderte der Blindheit unsere Augen bedeckt haben, so daß wir die Schönheit Deines auserwählten Volkes nicht mehr sehen und in seinem Gesicht nicht mehr die Züge unseres erstgeborenen Bruders wiedererkennen. Wir erkennen, daß das Kainszeichen auf unserer Stirne steht. Jahrhundertelang hat Abel darniedergelegen in Blut und Tränen, weil wir Deine Liebe vergaßen. Vergib uns die Verfluchung, die wir zu Unrecht ausgesprochen haben über den Namen der Juden. Vergib uns, daß wir Dich in ihrem Fluche zum zweiten Male kreuzigten. Denn wir wußten nicht, was wir taten.«

95 *Johannes Oesterreicher*, Kommentierende Einleitung zu Nostra Aetate, in: LThK Ergänzungsband II (Sonderausgabe) 1986, 474; *Otto Hermann Pesch*, Das Zweite Vatikanische Konzil. Vorgeschichte – Verlauf – Ergebnisse – Nachgeschichte, Würzburg 1993, 291-310.

96 Gemeinsame Synode (Off. GA), Freiburg 1976, 108.

97 *Peter Fiedler*, Das Judentum im katholischen Religionsunterricht, 90-91; vgl.: Katechetisches Institut Aachen (Hg.), Christen und Juden. Von den Wurzeln her verbunden. Leitlinien, Kriterien, Anregungen und Empfehlungen für Verkündigung, EB und RU, Aachen (Eupener Straße 138) 1989, 22-54 (Lit. und Medien!).

98 Katechismus der katholischen Kirche, München u.a. 1993, 56.

99 Ebd., 250.

100 *Franz Mussner*, Katechese nach Auschwitz, in: Hans-Ferdinand Angel/Ulrich Hemel (Hg.), Basiskurse im Christsein (FS für Wolfgang Nastainczyk), Frankfurt u.a. 1992, 434-439; 434.

101 Richtlinien und Hinweise für die Durchführung der Konzilserklärung »Nostra aetate« Artikel 4 vom 1. Dezember 1974, in: *Rolf Rendtorff/Hans Hermann Henrix* (Hg.), Die Kirchen und das Judentum. Dokumente von 1945-1985, Paderborn ²1989, 48-53; 48.

102 Vgl. *Theodor Filthaut*, Aspekte der Glaubensunterweisung. Die Erneuerung des RU aus dem Geist des Zweiten Vatikanischen Konzils, Freiburg 1968, 147-164.

103 A.a.O. (Anm. 101), 94-95.

104 Ebd., 51.

105 *Johannes Paul II.*, Ansprache beim Besuch der Großen Synagoge Roms am 13. April 1986, in: Dokumente... 109.

106 *Klemens Richter*, Jüdische Wurzeln christlicher Liturgie im Spiegel der neueren katholischen Liturgiewisenschaft, in: *Marcel Marcus/Ekkehard W. Stegemann/Erich Zenger* (Hg.), Israel und Kirche heute (FS für Ludwig Ehrlich), Freiburg 1991, 135-147.

107 A.a.O. (Anm. 101), 102.

108 Vgl. *Stephan Leimgruber*, Von der Verketzerung zum Dialog. Darstellung und Behandlung der Juden im christlichen Religionsunterricht, in: Zeitschrift für kath. Theologie 112 (1990) 288-303; *Herbert Jochum/Heinz Kremers* (Hg.), Juden, Judentum und Staat Israel im christlichen Religionsunterricht in der BRD, Paderborn 1980; *Heinz Jürgen Loth*, Judentum, Göttingen 1989.

109 *Johann Baptist Metz*, Kirche und Auschwitz, in: *Marcel Marcus* u.a. (Hg.), Israel und Kirche heute, Freiburg 1989, 110-122; 110.

110 *Monika* und *Udo Tworuschka* (Hg.), Vorlesebuch Fremde Religionen. Für Kinder von 8 – 14, Band 1: Judentum – Islam, Lahr/Düsseldorf 1988 (Lit.); für Kinder ab 10 Jahren:»Dann wissen wir, daß Frieden ist.« Wovon israelische Kinder träumen (Tonbild mit 16 Farbdias), Steyl-Medien, München o.J.

111 Zur Vorbereitung, Nachbereitung oder notfalls als Ersatz eignen sich: *E. Röhm* (Hg.), Fest und Feier im Judentum. Beschneidung, Bar-Mizwa, Hochzeit, Stuttgart (Videocassette, Calwer Verlag) 1987; ADAS (Hg.), Juden leben unter uns. Audiovisueller Kurs, Zürich [2]1992.

112 *Achim von Borries* (Hg.), Selbstzeugnisse des deutschen Judentums 1861-1945, Frankfurt 1988; *Johanna Kleinwachter*, Frauen und Männer des christlichen Widerstandes. 13 Profile, Regensburg 1990; *Alfred Müller-Felsenburg*, Große Christen, 4 Bde. Zürich 1980 ff.; *Simon Noveck* (Hg.), Große Gestalten des Judentums, Zürich 1988.

113 Vgl.: Religionen. Das Judentum, in: *Hubertus Halbfas*, Religionsbuch für das 5./6. Schuljahr (Schülerbuch), Düsseldorf 1989, 39-64; Die Juden – das von Gott erwählte Volk, in: *Hans-Walter Nörtersheuser* u.a., Den Glauben leben 7, Freiburg 1992, 123-144.

114 Dazu neu: *Ingrid Grill*, Das Judentum (Studienbuch 1 RU Sek.II), Göttingen 1992; *Frauke Buchner*, Der Jude Jesus und die Christen (Studienbuch 3 RU Sek.II.), Göttingen 1993; Themenheft»Judentum und Christentum«: rabs. Religionspädagogik an berufsbildenden Schulen 25 (1994) 67-87.

115 Vgl.: *Hans Zirker*, Lessings ›Ringparabel‹. Zur Tragfähigkeit eines Modells, in: rhs 24 (1981) 311-322.

116 *Schalom Ben Chorin*, Bruder Jesus. Der Nazarener in jüdischer Sicht, München 1967; *Herbert Vorgrimler*, Zum Gespräch über Jesus, in: *Marcel Marcus* (Hg.), Israel und Kirche heute, Freiburg 1989, 148-160. Ausgezeichnetes Bildmaterial (mit ausführlichen Erklärungen) zur Geschichte des Judentums neuerdings bei: *Hubertus Halbfas*, Judentum. Glaube, Geschichte, Gegenwart (Religionen der Welt: 32 Dias mit Begleitheft), Düsseldorf 1994; ferner drei Diaserien bei Steyl-Medien, München: Edith Stein: ›Die Wahrheit wird euch frei machen‹ (T 405); Christ sein nach Auschwitz. Shalom für Juden und Christen (T 319); Nie wieder! Begegnung mit dem KZ Dachau (T 347).

117 *Romano Guardini*, Tugenden. Meditationen über Gestalten sittlichen Lebens, Würzburg 1963; [4]1992, 118-128.

118 Vgl. *Johannes Müller*, Das Flüchtlingsproblem in seiner weltweiten Dimension, in: ders. (Hg.), Flüchtlinge und Asyl. Politisch handeln aus christlicher Verantwortung, Frankfurt/M. 1990; Themenheft »Menschen auf der Flucht«: Concilium 29 (1993) Heft 4.

119 Während evangelischerseits etwa 5 Prozent der Mitglieder und katholischerseits etwa 20 Prozent aktiv am Gemeindeleben teilnehmen, besuchen 45 Prozent der Muslime das Freitagsgebet und halten den Fastenmonat Ramadan ein.

120 Vgl. *Jürgen Schwarz* (Hg.), Der politische Islam. Intentionen und Wirkungen, Paderborn u.a. 1993; *Werner Ende/Udo Steinbach* (Hg.), Der Islam der Gegenwart, München [2]1989.

121 *Reinhold Glei* (Hg.), Petrus Venerabilis, Schriften zum Islam, Altenberge 1985.

122 *Ludwig Hagemann/Reinhold Glei* (Hg.), Thomas von Aquin, De rationibus fidei, Altenberge 1987.

123 *Martin Luther*, WA Bd. 51, 620. Dazu *Ludwig Hagemann*, Der Islam in Verständnis und Kritik bei Martin Luther, in: Trierer Theologische Zeitschrift 103 (1994) 131-151.

124 *Christoph Moufang* (Hg.), Katholische Katechismen des 16. Jahrhunderts in deutscher Sprache, Mainz 1881, 568.

125 *Josephus Deharbe*, Katholischer Katechismus oder Lehrbegriff für die Jugend sowohl als für Erwachsene, Regensburg [4]1848, 19.

126 »In der Religion gibt es keinen Zwang« (Koran 2,256).

127 Vgl. *Adel Theodor Khoury*, Der Koran. Übersetzung, Gütersloh 1987; *Rudi Paret*, Der Koran. Übersetzung, Stuttgart u.a. 1962; ders., Der Koran. Kommentar und Konkordanz, Stuttgart [2]1977.

128 Die Trias Gebet, Fasten und Almosen findet sich auch bei Mt 6,2-18 und hat in der christlichen Liturgie (Lesung vom Aschermittwoch) sowie in der österlichen Bußzeit einen festen Platz.

129 Bischof *Michael Fitzgerald*, Der jetzige Stand der christlich-islamischen Beziehungen, in: ThPQ 140 (1992) 347-353; *Josef Brunner*, Zum Dialog Islam Christentum heute, in: SKZ 161 (1993) 538-540.

130 Arbeitshilfen Nr. 26 und Nr. 106, herausgegeben vom Sekretariat der Deutschen Bischofskonferenz in Bonn.

131 Christen und Muslime in Deutschland (Vorwort von Erzbischof Oskar Seier), 5.

132 Ebd., 78-79; Zum Eheverständnis aus islamischer Sicht: Muhammad Salim Abdullah, Islam für das Gespräch mit Christen, Gütersloh 1992, 101-115.

133 *Ludwig Hagemann*, Art. Dialog, in: Islam-Lexikon, Freiburg 1991, I, 165-172; 169.

134 *Adel Theodour Khoury*, Für ein gedeihliches Zusammenleben von Christen und Muslime, in: Reinhard Löw (Hg.), Islam und Christentum in Europa, Hildesheim 1994, 72-80; 73.

135 Gefordert werden die Erleichterung bei der Einbürgerung und die Teilnahme am öffentlichen und politischen Leben auf allen Ebenen, vgl. Muhammad Salim Abdullah, Was will der Islam in Deutschland? Gütersloh 1993, 33.

136 Ebd., 34.

137 Bischof *Michael Fitzgerald*, Der jetzige Stand der christlich- islamischen Beziehungen, in: ThPQ 140 (1992) 347-353.

138 Vgl. *Abdoldjarad Falaturi/Udo Tworuschka*, Der Islam im Unterricht. Beiträge zur interkulturellen Erziehung in Europa, Braunschweig 1992; *Stephan Leimgruber*, Lernprozeß Christen – Muslime, in: *Richard Schlüter* (Hg.), Ökumenisches und interkulturelles Lernen – eine theologische und religionspädagogische Herausforderung, Paderborn 1994, 125-136.

139 Vgl. *Adel Theodor Khoury*, Gebete des Islams, Mainz 1981, 42-43; *Dagmar Reitenberger-Hamadi*, Die 99 schönsten Namen Gottes im Islam, in: ru 22 (1992) 137-138 (Themenheft »Christen und Muslime«).

140 Der Koran gilt als arabische Abschrift eines im Himmel aufbewahrten Urbuches, welches als Original für alle heiligen Schriften verstanden wird, vgl. *Adel Th. Khoury*, Der Islam, Freiburg 1988, 35- 41. Sein eigentliches Äquivalent im Christentum ist Jesus Christus als Inbegriff der Offenbarung Gottes.

141 Vgl. *Silja Walter*, Der Tanz des Gehorsams oder die Strohmatte, Zürich 1970.

142 Hilfreich dazu: *Michael Koschinski*, Analyse der audio-visuellen Medien zum Thema Islam, Köln 1991.

143 *Adel Th. Khoury*, Was sagt der Koran zum Heiligen Krieg? Gütersloh 1991, bes. 85-91; *Hans Zirker*, Islam, Düsseldorf 1993, bes.

221- 240; *Muhammad S. Abduallah*, Islam. Für das Gespräch mit Christen, Gütersloh 1992, bes. 115-135.

144 *Muhammad Salim Abudallah*, Deutsche Welle, Kirchenfunk Nr. 22/13 (21. Mai 1983).

145 Vgl. *Matthias Bahr*, Prosoziales Verhalten bei Acht- bis Zehnjährigen, St. Ottilien 1992.

146 Vgl. Die Generalvikariate der (Erz-)Bistümer und Diözesan-Caritasverbände in Nordrhein-Westfalen (Hg.), Elterninformation: Für ihr Kind die katholische Tageseinrichtung, Düsseldorf (Schulstraße 11) 1993.

147 *Ludwig Bertsch* (Hg.), Gemeinsame Synode der Bistümer in der Bundesrepublik Deutschland, Schwerpunkte kirchlicher Verantwortung im Bildungsbereich, 2.2, Freiburg 1976, 525-528; 526; vgl. *Renate Schmitz/Regina Solbach-Andratschke*, Türkische Kinder im Kindergarten. Materialien für die Praxis, Stuttgart 1982; *Renate Militzer*, Ausländische Kinder im Kindergarten. Erfahrungsbericht zur Erfassungsmaßnahme des Landes NRW, Köln 1987.

148 Sekretariat der Deutschen Bischofskonferenz, Christen und Muslime in Deutschland, (Arbeitshilfe 106), Bonn 1993, 66.

149 Vgl. *Michael Mildenberger/Hans Vöcking* (Hg.), Islamische und christliche Feste, Frankfurt/M. ²1984.

150 Vgl. *Johannes Lähnemann*, Weltreligionen im Unterricht, II: Islam, Göttingen 1986, 177-184; ders., Entgrenzung der Horizonte: Interreligiöse und interkulturelle Begegnung in der Grundschule am Beispiel Christentum-Islam, in: *Helga Müller-Bardoff* (Hg.), Religiöse Erziehung in der Grundschule – vergessene Dimension? München 1993, 46-58; *Stephan Leimgruber*, Die Behandlung des Islam im christlichen Religionsunterricht, in: RpB 28 (1991) 41-55; 53.

151 Vgl. »Muslime leben unter uns«, Tonbild mit Kommentar und Arbeitsblättern, herausgegeben vom Rektorat für RU in der Evangelisch-Reformierten Kirche Basel (Schönbuchstr. 9), Basel 1989; *A.v. Denffer*, Islam für Kinder, erhältlich in den erwähnten Zentren.

152 »C-a-f-f-e-e trink nicht so viel Kaffee; nicht für Kinder ist der Türkentrank, schwächt die Nerven, macht dich blaß und krank; sei doch kein Muselmann, der ihn nicht lassen kann.«

153 Erhältlich beim Islamischen Zentrum München, Wallnerstr. 1-5, 80939 München, und beim Islamischen Zentrum Hamburg, Schöne Aussicht 36, 22085 Hamburg.

154 Landesinstitut für Schule und Weiterbildung Soest (Hg.), Wir besuchen eine Moschee. Ein Erkundungsbuch für die ganze Klasse, Soest 1994.

155 *Ruth Pfau*, Wenn du deine große Liebe triffst, Freiburg 1985; dies., Wohin die Liebe führt, Freiburg 1990; *Erman Okay*, Keloglan und der Riese. Türkische und deutsche Märchen. Eine Tonkassette für Kinder, Weinheim 1991; *Gloria Behrens*, Bahar und die Gazelle. Ein deutsch-türkisches Märchen. Eine Video-Kassette für Kinder, Weinheim 1992; und weitere Werke, hg. von *Michaela Ulich* und *Pamela Oberhuemer* im interkulturellen Verlagsprogramm von Beltz, Weinheim; ferner die Zeitschrift »gemeinsam«, ebd.

156 z.B.: *Hubert Halbfas*, Religionsbuch für das 5./6. Schuljahr, Düsseldorf 1989, Schülerbuch 191-212; *Werner Trutwin* (Hg.), Zeit der Freude. Religion für die Sek.I, Düsseldorf 1987, 228-241; *Helmut Harnisch/Gerhard Kraft* (Hg.), Das neue Kursbuch Religion 7/8, Stuttgart 1986; [2]1990; *Michael Schwiegar*, Lebens-Zeichen Sek.I/2 Göttingen 1990, 174-198; *Theodor Eggers*, Gott und die Welt. RU im 7./8. Schuljahr, Düsseldorf 1991 (Schülerbuch), 7-22. Vgl. dazu aus der Reihe »Der Islam in den Schulbüchern der Bundesrepublik Deutschland« des Georg Eckert-Instituts, Braunschweig, den Band von *Hans Vöcking/Hans Zirker* u.a. (Hg.), Analyse der katholischen Religionsbücher zum Thema Islam, Braunschweig 1988 sowie die Nachträge 1986-1988 in: *Georg Stöber/Monika* und *Udo Tworuschka*, Der Islam in den Schulbüchern der Bundesrepublik Deutschland (Bd. 62), Braunschweig 1990.

157 Gegründet vom Nordkoreaner *Sun Myung Mun* (geb. 1920), versucht die Vereinigungskirche eine Synthese von ostasiatischem und jüdisch-christlichem Gedankengut.

158 Vgl. *Hans Gasper* u.a. (Hg.), Lexikon der Sekten, Sondergruppen und Weltanschauungen, Freiburg 1990.

159 *Reinhart Hummel*, Trendreligion Buddhismus? Gründe und Spielarten einer Faszination, in: HerKor 48 (1994) 190-194.

160 »Bei den Gymnosophisten Indiens besteht die Überlieferung, daß eine Jungfrau Buddha, den Urheber dieser Religion, aus ihrer Seite gezeugt habe« (Hieronymus, Adversus Iovinianum, PL 23 Sp 285 Z. 24 (I, c.42).

161 *Udo Tworuschka*, Die Geschichte nichtchristlicher Religionen im christlichen Religionsunterricht, Köln/Wien 1983, 13.

162 Ebd., 14.

163 Ebd., 29.

164 *Alfred Läpple/Fritz Bauer*, Christus – die Wahrheit, München 1960, 45.

165 Ebd., 51; vgl.: *Josef Neuner* (Hg.), Hinduismus und Christentum. Eine Einführung, Freiburg 1962 (ebenfalls vor dem Konzil verfaßt, mit ähnlichen Wertungen).

166 Vgl. *Karl Rahner/Herbert Vorgrimler*, Kleines Konzilskompendium, Freiburg i.Br. 1966, 349-353; *Otto Hermann Pesch*, Das Zweite Vatikanische Konzil, Würzburg 1993, 303-305.

167 Vgl.: *Michael von Brück*, Einheit der Wirklichkeit. Gott, Gotteserfahrung und Meditation im hinduistisch-christlichen Dialog, München 1986; *Johannes Mehlig* (Hg.), Weisheit des alten Indiens, München 1987; *Aloysius Pieris*, Theologie der Befreiung in Asien. Christentum im Kontext der Armut und der Religionen, Freiburg 1986; *Kurt Rommel* (Hg.), Was andere glauben. Weltreligionen aus christlicher Sicht, Stuttgart 1992; *Heinrich von Stietencron*, Art. Hinduismus, in: TRE, Berlin 1986, XV, 346-355; *Hans Waldenfels*, Begegnung der Religionen, Bonn 1990, 102-111.

168 *Cyril B. Papali*, Exkurs zum Konzilstext über den Hinduismus, in: LThk, Freiburg 1986, XIII, 478.

169 Vgl. *M.M. Thomas*, Christus im neuen Indien. Reform-Hinduismus und Christentum, Göttingen 1989; *Ernst Pulsfort*, Indien am Scheideweg zwischen Säkularismus und Fundamentalismus, Würzburg/Altenberge 1991.

170 *Heinz Bechert*, Art. Buddhismus, in: TRE, Berlin 1981, VII, 317-335; *Heinrich Dumoulin*, Exkurs zum Konzilstext über den Buddhismus, in: LThk, Freiburg 1986, XIII, 482-485; *Aloysius Pieris*, Liebe und Weisheit. Begegnung von Christentum und Buddhismus, Mainz 1988; *Hans Waldenfels*, Begegnung der Religionen, Bonn 1990, 147-155; ders., Faszination des Buddhismus, Mainz 1982; ders., Absolutes Nichts. Zur Grundlegung des Dialogs zwischen Buddhismus und Christentum, Freiburg 1976; *Antony Fernando*, Zu den Quellen des Buddhismus. Eine Einführung für Christen, Mainz 1987; *Dalai Lama*, Einführung in den Buddhismus. Die Harvard-Vorlesungen (1981), Freiburg 1993; *Hans Küng/Julia Ching*, Christentum und chinesische Religion, München 1988; Glaubensverkündigung für Erwachsene. Dt. Ausgabe des Holländischen Katechismus, Freiburg 1969, 34-41.

171 *Unterrrichtsmaterialien zum Hinduismus*:
Dieter Fassnacht/Ekkehard Bickelmann. Hinduismus (Weltreligionen: Geschichte, Quellen, Materialien), Frankfurt/M. 1979; *Peter Freimark/Hans Grothaus/Einhart Lederer/Dietrich Thyen*, Große fremde Religionen, Hannover 1978; [2]1986; *Hubertus Halbfas*, Religionsbuch für das 7./8. Schuljahr (Schülerbuch), Düsseldorf 1990, 163-172; *Johannes Lähnemann*, Fernöstliche Religionen (Weltreligionen im Unterricht I), Göttingen 1986, 15-140; *Werner Trutwin/Klaus Breuning/Roman Mensing*, Religion – Sekundarstufe I (Lehrerkommentar zu »Zeit der Freude«, »Wege des Glaubens« und »Zeichen der Hoffnung«), Düsseldorf 1993, 506-513.

Unterrichtsmaterialien zum Buddhismus: *Dieter Fassnacht*, Buddhismus (Weltreligionen: Geschichte, Quellen, Materialien), Frankfurt/M., München 1978; [2]1991; ders., Die Religionen Chinas, ebd., 1983; *Hans Greschat/Martin Kraatz*, Buddhismus, Göttingen 1985; *Hubertus Halbfas*, Religionsbuch für das 9./10. Schuljahr (Schülerbuch), Düsseldorf 1991, 135-149; *Johannes Lähnemann*, Fernöstliche Religionen (Weltreligionen im Unterricht I), Göttingen 1986, 154-290; *Werner Trutwin/Klaus Breuning/Roman Mensing*, Religion – Sekundarstufe I (Lehrerkommentar), Düsseldorf 1993, 513-521.

172 *Hugo M. Enomiya-Lassalle*, Zen – Weg zur Erleuchtung. Einführung in die Meditation, Freiburg [3]1971; *ders.*, Zen – Meditation für Christen, Bern/München/Wien [4]1976; ders., Zen und christliche Spiritualität, München 1987; *David Steindl-Rast*, Die Achtsamkeit des Herzens – Ein Leben in Kontemplation, München [3]1988.

173 In Europa gibt es mehrere buddhistische »Klöster« tibetanischer Mönche.

174 Vgl. dazu: *Gottfried Adam/Rainer Lachmann* (Hg.), Methodisches Kompendium für den Religionsunterricht, Göttingen 1993; *Bernhard Grom*, Methoden für Religionsunterricht, Jugendarbeit und Erwachsenenbildung, Düsseldorf [9]1992.

175 *Rolf Rendtorff/Hans H. Henrix* (Hg.), Die Kirchen und das Judentum, Dokumente von 1945-1985, Paderborn [2]1989, 221.

176 *Norbert Mette*, Religionspädagogisches Handeln, in: *Edmund Arens* (Hg.), Gottesrede – Glaubenspraxis. Perspektiven theologischer Handlungstheorie, Darmstadt 1994, 164-184.

177 *Wolfgang G. Esser*, Gott reift in uns. Lebensphasen und religiöse Entwicklung, München 1991, 20.

178 *Aloysius Pieris*, Liebe und Weisheit, Mainz 1989, 26.

179 Ebd., 23.

Register

Johann Hofmeier
FACHDIDAKTIK KATHOLISCHE RELIGION
272 Seiten. Kartoniert
ISBN 3-466-36408-6
Der praxisbezogene Leitfaden für die Didaktik des
Faches Katholische Religion – unersetzlich für
Studium und Weiterbildung.

Bernhard Jendorff
RELIGION UNTERRICHTEN – ABER WIE?
Vorschläge für die Praxis
271 Seiten. Gebunden
ISBN 3-466-36351-9
Mit vielen Beispielen aus dem Schulalltag werden
wesentliche Aspekte des Religionsunterrichts realistisch und nachvollziehbar erläutert. Konkrete Tips
tragen dazu bei, den Religionsunterricht methodisch und inhaltlich abwechslungsreich zu gestalten.